옥토 만드는
제자훈련 10단계

- 예수님처럼 통합적 제자 훈련하기 -

이환호 엮음

- 목표 -
믿음의 체질화
말씀의 체질화
성령의 체질화

"옥토신자 많은 교회가 부흥한다!"

예찬사

- 옥토신자의 감사 신앙고백 -

성부 성자 성령님을 믿게 해주셔서 감사합니다. 할렐루야! 아멘
주 예수를 영접하고 믿는 나에게 하나님의 자녀 되게 하시니
감사합니다. 할렐루야! 아멘(요 1:12)
주님은 내 맘속에 들어오셔서 동거 동행 해주시니 감사합니다.
할렐루야! 아멘(요 14:20) (고후 13:5) (계 3:20)
새 생명, 곧 영생을 주시고(요 3:16) 새로운 피조물로(고후 5:17)
거듭나게 하시니 감사합니다. 할렐루야! 아멘
죄를 회개하게 하시고 용서하여 주시니 감사합니다.
할렐루야! 아멘(요일 1:9) (마 6:14)
죄인을 의인 되게 하시니 감사합니다. 할렐루야! 아멘(롬 5:19)
성경말씀을 먹고 살게 하시며(마 4:4)
예수님의 살과 피를 먹고 마시고 살게 하시니 감사합니다.
할렐루야! 아멘(요 6:54)
옛사람을 십자가에서 죽게 하시고(롬 6:6)
죄성을 죽여주시니 감사합니다. 할렐루야! 아멘(갈 5:24)
마귀와 귀신의 세력을 소멸하시고 부활의 소망을 주시니
감사합니다. 할렐루야! 아멘(막 16:17~18) (요일 3:8)
모든 죄악에서 질병에서, 가난과(고후 8:9) 저주에서(갈 3:13),
사망에서 구원하여 주시니 감사합니다. 할렐루야! 아멘(사 53:5)
성령을 부어주시고 충만하게 하시고 권능을 주시니 감사합니다.
할렐루야! 아멘(행 1:8)
성령의 은사와(고전 12:31) 성령의 열매를(갈 5:22,23)
맺게 해주시니 감사합니다. 할렐루야! 아멘
예수님의 마음과(빌 2:5) 성품을(벧후 1:4, 갈 5:22~23)
갖게 해 주시니 감사합니다. 할렐루야! 아멘
성경말씀에 순종하는옥토가 되어서
30배, 60배, 100배 열매를 맺게 해 주시니
감사합니다. 할렐루야! 아멘(마 13:8)

★ 차례

• 믿음이란 무엇인가? _ 5
• 옥토 만드는 영성훈련이란? _ 9

- 제1단계 | 성부·성자·성령님에 대한 믿음훈련 방법 _ 18
- 제2단계 | 성부·성자·성령님에 대한 영접과 임재확신훈련 방법 _ 68
- 제3단계 | 자기죽음 확신훈련 방법 _ 83
- 제4단계 | 회개와 용서훈련 방법 _ 100
- 제5단계 | 보혈훈련 방법 _ 127
- 제6단계 | 축귀훈련 방법 _ 140
- 제7단계 | 전인치유훈련 방법 _ 162
- 제8단계 | 성령세례와 성령충만훈련 방법 _ 186
- 제9단계 | 예수성품훈련 방법 _ 200
- 제10단계 | 말씀순종훈련 방법 _ 217

• 부록
  1. 영안 열림에 대하여 _ 234
  2. 성령의 은사에 대하여 _ 238

• 에필로그 _ 245
• 참고도서 _ 246

믿음이란 무엇인가?

　믿음의 세계는 우주보다 더 큰 세계요 천국이 포함된 영적인 영역이므로 유한한 인간의 관점에 따라서 믿음에 대한 설명은 다르게 표현될 수 있습니다.
　그러나 믿음은 영적이면서 현실적으로 표현되어져야 합니다. 믿음은 바라는 것들의 실상이요 보이지 않는 것들의 증거이기 때문입니다. 기독교의 믿음의 대상자는 삼위일체이신 하나님, 예수님, 성령님이십니다.
　믿음은 말씀을 들음에서 시작하기 때문에 우선 기록된 성경말씀을 가감 없이 그대로 100% 믿고 말씀을 날마다 먹고 순종하는 것이 믿음입니다. 요한복음 1:1에서 이 말씀은 곧 하나님이시니라고 했습니다.
　말씀이 곧 보이는 하나님이요 보이는 예수님이요 보이는 성령님이십니다.
　우선 삼위일체 하나님에 대하여 아는 것이 믿음입니다.(호 6:3, 6:6)
　믿음은 주님의 이름을 부르는 것입니다(롬 10:13)

♥ 자기성찰&메모

믿음은 그분들의 존재하심과 그분들의 속성과 그분들의 행하심과 주님의 재림을 성경말씀에 기록된 대로 신뢰하는 것입니다.

둘째, 믿음은 예수님을 마음에 영접하는 것이며 하나님의 자녀가 되는 것입니다.(요 1:12)

예수님을 영접한 사람은 마음중심에 예수님을 모시고 동행동거하면서 쉬지 않고 교제하는 생활을 해야 합니다. 믿음은 주님과 한 몸으로 연합된 것을 믿는 것입니다. 내 몸은 주님이 계신 성전이라는 것을 믿는 것입니다.

셋째, 믿음은 예수님이 십자가에서 죽으셨을 때에 나의 옛사람이 십자가에서 함께 죽었다는 말씀을 인정하는 것입니다. 내 모든 죄성과 정욕과 탐심을 대속하신 것을 믿는 것입니다.

넷째, 믿음은 죄를 회개하고 자백하면 십자가 보혈의 공로로 깨끗이 용서된다는 말씀을 믿는 것입니다. 허물과 죄를 회개하고 회개의 열매를 맺는 것이 믿음입니다.

다섯째, 믿음은 십자가에서 흘리신 예수님의 보혈의 공로와 그 능력을 믿는 것입니다. 피흘림이 없은즉 사함이 없다는 말씀을 그

♥ 자기성찰&메모

대로 믿어야 합니다. 예수님의 살을 먹고 그 피를 마시는 자가 영생이 있음을 믿는 것입니다.(요 6:53~54)

여섯째, 믿음은 마귀의 세력을 예수님의 이름으로 대적하고 물리치는 권세를 주셨다는 말씀을 믿고 예수님의 이름으로 마귀를 대적하고 승리하는 것입니다. 예수님이 마귀의 세력들을 멸하셨다는 말씀을 믿는 것입니다. 예수님이 사망 권세를 이기시고 부활하셨다는 말씀을 믿고 우리도 부활한다는 확신을 갖는 것이 믿음입니다.

일곱째, 믿음은 예수님이 사람의 영혼육을 치유하고 구원하시러 오셨다는 말씀을 믿는 것입니다. 예수님은 죄인의 허물 때문에 찔리셨고, 죄악 때문에 상하셨고, 평화를 위해서 징계를 받으셨고, 그가 채찍에 맞으므로 나음을 받았다는 말씀을 믿는 것입니다. 예수님이 질병을 짊어지고 가셨다는 말씀을 믿는 것입니다. 인간을 전인 치유하신다는 것이 예수님의 뜻임을 믿는 것입니다.

여덟째, 믿음은 성령충만을 지속하면서 성령의 열매를 맺는 것입니다. 성령의 열매는 언행심사로 표현되는 삶 자체입니다. 마음

♥ 자기성찰&메모

속에 성령님을 충만히 모시고 사는 삶입니다.

아홉째, 믿음은 예수님의 성품을 소유하는 것입니다. 예수님이 내 안에 계셔야 그분의 성품이 나타나는 것입니다. 성품은 언행심사로 나타나는 그 사람의 인격입니다.

열 번째, 믿음은 옥토가 되어서 성경말씀대로 순종하는 것입니다. 믿음과 사랑과 순종은 한 마음이요, 한 몸인 것입니다. 아버지의 뜻대로 순종하는 자가 천국에 들어가며 반석 위에 집을 짓는 자입니다. 물론 회개와 용서를 포함한 순종입니다. 순종이 없는 믿음은 죽은 믿음입니다.(약 2:17, 28)

믿음에 대한 반응은 언행심사로 표현되어지는 것입니다. 믿음은 말씀이 현실화 되는 능력입니다. 믿음은 눈으로 보여집니다. 믿음은 바라는 것들의 실상이요 보이지 않는 것들의 증거로 나타나게 되는 것입니다.

주님은 믿는 자에게 능히 하지 못할 일이 없다고 말씀하셨습니다. 말씀은 살아있고 활력이 있기 때문에 말씀을 믿으면 말씀대로 이루어지는 역사가 일어나는 것입니다.

♥ 자기성찰&메모

옥토 만드는 영성훈련이란?

1. 옥토는 좋은 마음 밭을 말합니다.

　옥토를 만드는 영성훈련이란 통합적 제자훈련입니다. 예수님의 제자훈련처럼 믿음과 표적, 치유, 축귀, 순종을 성령 안에서 직접 체험케하는 훈련입니다. 이 훈련은 경건훈련이며, 영적전쟁훈련이며, 예수성품을 닮게 하는 말씀 되새김훈련입니다. 말씀 되새김을 통해서 그 말씀이 레마 즉 성령의 감동으로 들려질 때 믿음이 증폭되고 믿음이 체질화 되는 것입니다. 믿음은 말씀을 주야로 듣고 읽고 깨닫고 암송하고 되새김훈련을 하면 믿어지고 실천되고 점진적으로 성장하고 성숙해져 갑니다. 오늘날 세계적으로 기독교인의 영적 상태가 매우 침체되었다는 진단을 받고 있는 위기 속에 있습니다. 이를 극복하려고 성경공부와 양육훈련, 제자훈련과 전도훈련, 각종 부흥회와 큐티를 통해서 심령부흥과 교회부흥을 일으키고자 많은 노력들을 하고 있습니다. 그러나 이러한 노력에도 불구하고 그리스도의 인격과 신격을 닮아가는 모습이나 성령

♥ 자기성찰&메모

의 열매가 풍성한 옥토신자는 많지 않은 것이 사실입니다.

이는 교회의 예배와 신앙교육 등이 지속적인 개인경건 훈련으로 연결되지 않기 때문입니다. 신앙생활은 평생 하는 것이므로 개인 경건훈련도 지속적으로 평생 필요한 것입니다. 믿음은 말씀을 듣고, 읽고, 깨닫고, 묵상하는데서 자라나기 때문에 성경말씀을 매일 되새김(묵상)하는 길만이 예수님과 동행동거하면서 믿음과 순종이 생활화 될 수 있는 지름길입니다. 육체생명을 성장 유지하기 위해서 날마다 밥 세끼를 먹는 것처럼 영혼의 생명을 위해서도 말씀을 날마다 주식으로 먹어야 되는 것은 당연한 이치입니다.

예수님께서 제자훈련 하실 때에 인격이 성화되는 통합적 훈련을 하셨습니다. 예수님은 전도하시고, 가르치시고, 병을 고치시고, 귀신을 쫓아내시고, 죽은 자를 살리시는 일을 행하셨고 제자들에게 동일한 권세를 주셨습니다. 지금도 성령님은 예수님처럼 제자훈련을 하라고 명령하십니다. 그러나 이같은 훈련을 하는 성도와 교회가 매우 적다는 것이 사실입니다. 그러므로 교회와 교인들은 영적, 혼적, 육적으로 병이 깊어져 가고 있는 현상을 통감해야 합

♥ 자기성찰&메모

니다. 교회가 쇠퇴한다는 의미는 병이 들었다는 것입니다. 하루 빨리 교회마다 치유훈련과 축귀훈련을 시작해서 전인치유 목회를 해야 영적 전쟁에서 이기고 부흥하는 교회가 됩니다.

2. 문제를 푸는 공식과 그 해답은 시1:1~3과 마13:3~23, 요 15:1~8, 갈 5:16~23에 나와 있는데 이 해답을 얻기 위한 공식을 적용 실천하지 않기 때문에 열매가 없다고 생각됩니다. 말씀을 주야로 묵상하고 말씀이 깨달아지고 말씀을 마음에 품고 있으면 순종의 열매가 자연스럽게 맺는다고 가르쳐주고 있습니다. 즉, 철을 따라서 옥토의 열매와 성령의 열매가 포도송이처럼 열린다는 말입니다. 여기에는 이것을 실천하고자 하는 지속적이며 의지적 결단이 요구됨을 인식해야 합니다. 마치 포도나무 가지가 포도나무에 계속 붙어 있어야 열매가 열리는 것처럼 주님을 중심에 모시고 주님의 말씀을 인격체 안에 늘 담고 있어야 그 말씀의 능력이 생각으로, 마음으로, 언행으로 전달되어서 순종의 열매가 맺게 된다는 이치입니다.

♥ 자기성찰&메모

기록된 말씀을 순종하지 않는 것은 주님을 믿지 않는 것이고 또 사랑하지 않는 것이 됩니다. 주님을 사랑하는 자는 계명을 지켜서 열매를 맺게 되지만 계명을 지키지 않는 자는 주님을 사랑하지 않는 자라고 요14:21,24에서 증거하고 있으며 행함이 없는 믿음은 죽은 믿음이라고 약2:17,26에서 증거하고 있습니다. 열매를 보아서 그 나무를 알듯이 순종의 열매를 보면 신자의 성숙도와 진위를 분별할 수 있습니다.

- 이러므로 그들의 열매로 그들을 알리라(마 7:20)
- 내가 너희에게 이르노니 하나님 나라를 너희는 빼앗기고 그 나라의 열매 맺는 백성이 받으리라(마21:43)

　3. 마13:3~23, 막4:1~20, 눅8:1~15에 네 종류의 마음 밭에 대한 적절한 비유말씀이 있습니다. 그러므로 길가의 마음은 영적세계와 하나님과 그분의 말씀을 들었으나 무관심한 사람이요 선과 죄악에 대하여도 무관심한 사람입니다. 타의에 의하여 억지로 말

♥ 자기성찰&메모

씀을 듣는 자리에 와 있지만 들은 말씀을 마귀에게 빼앗긴 것입니다. 돌밭의 마음은 믿음 생활에 호의적이었지만 환란과 핍박으로 낙심하거나 믿음을 포기하는 자들인데, 율법적이며 비판적이고 인본주의적 성향을 가진 사람들입니다. 역경을 극복하기보다는 세상적 평안을 더 추구하고 좋아합니다. 가시밭의 마음도 믿음 생활에 호의적이었지만 세상 염려와 재물과 향락의 유혹이 왔을 때 말씀과 기도로 물리치지 못하고 세상적인 권세와 명예와 재물 욕심을 따라 사는 사람들입니다. 교인의 이름은 있으나 순종의 열매가 없는 사람들입니다. 눈에 보이는 유한한 세상적 가치관이 영원한 신앙적 가치관보다 더 중요하다고 생각한 것입니다. 좋은 땅(옥토)은 착하고 좋은 마음으로 말씀을 듣고 지키어 인내로 30배, 60배, 100배로 결실하는 자입니다.

4. 이 세상에 사는 사람 중에 환란과 핍박, 세상 염려와 재물의 유혹을 받지 않는 사람은 아무도 없습니다. 믿음의 관점에서 볼 때 길가의 마음은 믿음이 없는 사람이고, 돌밭과 가시밭의 믿음은 육

♥ 자기성찰 & 메모

적인 그리스도인, 장성하지 못한 어린아이 같은 믿음으로서 좁은 길로 들어왔다가 좁은 길을 끝까지 못가고 넓은 길로 되돌아 간 사람이라고 생각할 수 있습니다. 믿음 생활은 끝까지 견디는 자가 구원을 받는다고 했습니다.(마10:22, 마24:13, 마13:13) 믿음 생활을 시작한 신자가 평생 끝까지 견디면서 잘 성숙되려면 지속적인 경건 훈련이 필요합니다. 믿음 생활은 평생 영적전쟁이기 때문에 방해하는 원수 마귀의 세력과 싸워서 이겨야 합니다. 옥토의 마음을 만들고 계속 옥토를 유지하기 위해서 지속적으로 말씀되새김을 통한 경건 훈련이 평생 반드시 필요한 것입니다.

말씀되새김을 통해 말씀을 생각 상자 속에 저장해 놓고 필요할 때마다 말씀을 꺼내서 마음과 몸으로 일상생활에 적용해야 합니다. 말씀을 되새김하는 목적이 예수님의 인격과 신격을 닮아서 하나님의 뜻대로 살아가는데 있는 것입니다.

우리의 경건훈련은 영적전쟁에서 이기는 훈련입니다. 그런데 이 영적전쟁은 예수님께서 다 이겨놓으신 것을 믿고 따라가기만 하면 되는 것입니다. 죄와 질병과 가난과 저주와 사망과 마귀의 권

♥ 자기성찰&메모

세를 다 해결하셨습니다. 이 사실을 믿고 시인하고 선포하고 순종하는 훈련입니다. 믿음 생활은 경건 훈련의 연속이며 영적전쟁 그 자체입니다.

옥토의 열매는 곧 성령의 열매, 의의 열매, 선한 열매, 빛의 열매이며 곧 예수님의 성품입니다. 성령의 열매는 신앙의 성숙도를 나타내지만 성령의 은사는 성도의 신앙을 온전하게 하고 봉사의 일을 하도록 돕는 역할을 하는 것임으로 신앙의 성숙도를 의미하지는 않습니다. 신자는 은사보다 열매 맺는 일에 더 집중해야 됩니다. 열매는 주님의 성품이지만 은사는 성품이 아니고 영적 무기이기 때문에 이기적으로 사용될 수 있습니다. 옥토신자는 열매를 30배 60배 100배 맺는 성령충만하고 성숙한 신자, 온전한 신자, 알곡 신자, 하나님의 전신갑주를 입고 있는 신자, 하나님 뜻대로 사는 신자입니다.
옥토신자가 많은 교회는 부흥될 수밖에 없습니다.

♥ 자기성찰&메모

5. 말씀의 중요성

- 태초에 말씀이 계시니라. 이 말씀이 하나님과 함께 계셨으니 이 말씀은 곧 하나님이시니라(요1:1)
- 사람이 떡으로만 살 것이 아니요 하나님의 입으로부터 나오는 모든 말씀으로 살 것이라 (마4:4)
- 믿음은 들음에서 나며 들음은 그리스도의 말씀으로 말미암았느니라(롬10:17)
- 주의 말씀은 내 발의 등이요 내 길에 빛이니이다(시119:105)
- 하나님의 말씀은 살아있고 활력이 있어 좌우에 날선 어떤 검보다도 예리하여 혼과 영과 및 관절과 골수를 찔러 쪼개기까지 하며 또 마음의 생각과 뜻을 판단하나니(히4:12)
- 너희가 내 안에 거하고 내 말이 너희 안에 거하면 무엇이든지 원하는 대로 구하라 그리하면 이루리라(요15:7)
- 이 율법 책을 입에서 떠나지 말게 하며 주야로 그것을 묵상하여 그 안에 기록된 대로 다 지켜 행하라 그리하면 네 길이 평탄하게 될 것이며 네가 형통하리라(수 1:8)
- 오직 여호와의 율법을 즐거워하며 그의 율법을 주야로 묵상하는도다 그는 시냇가에 심은 나무가 철을 따라 열매를 맺으며 그 잎사귀가 마르지 아니함 같으니 그가 하는 모든 일이 형통하리로다 (시 1:2, 3)
- 대저 하나님의 말씀은 능하지 못함이 없느니라(눅 1:37)

6. 이 책은 옥토훈련 10단계(12회)를 정리하였습니다.
   ① 믿음의 체질화, 말씀의 체질화, 성령의 체질화를 목표로 정하였습니다.
   ② 10단계를 단계별로 2시간 정도씩 12회를 훈련합니다.(1단계가 3회 과정입니다.)
   ③ 먼저 단계별 되새김 훈련 방법을 먼저 읽은 후에 두 번째로 요약 되새김 훈련을 5번 이상씩 읽고, 세 번째 믿음을 갖고 관련 성구를 되새김합니다.
   ④ 성경말씀을 읽을 때는 내가 그대로 믿지 못했고 행하지 못한 잘못을 살피고 회개하면서 되새김합니다.
   ⑤ 훈련받은 후에도 매일 아침, 저녁 수시로 말씀에 대한 믿음을 갖고 평생 반복적으로 경건훈련을 합니다.
   ⑥ 중요한 성구는 암송함을 원칙으로 하되 성구카드나 이 책을 보면서도 믿음을 갖고 되새김합니다.
   ⑦ 성령 하나님이 내 안에 계심을 믿고, 말씀이 살아있음을 믿고, 말씀대로 이루어질 것을 확신하고 즐거워하면서 되새김합니다.
   ⑧ 말씀이 마음에 믿어지고 생활 속에서 순종의 열매로 맺힐 때까지 체질화 되고 습관화되도록 되새김합니다.
   ⑨ 되새김 훈련을 한 후에 뒷면 p.243~244에 있는 체크 포인트에 표시합니다.

제1단계 ① 성부 · 성자 · 성령님에 대한 믿음 훈련방법

제1단계 ①,②,③에서는 성부 · 성자 · 성령님의 구체적인 속성과 능력에 대하여 확신을 갖도록 요약 되새김훈련과 관련성구를 3번 이상 반복하면서 주님의 정체성을 체질화시키는 훈련입니다.

1단계는 ①성부, ②성자, ③성령 세 단계의 훈련시간이 필요합니다.

주님의 존재하심, 전능하심, 거룩하심, 사랑하심, 함께하심, 죄와 질병에서 구원하심, 마귀세력을 이기심, 나의 주인 되심, 만왕의 왕이심, 아버지 되심, 복의 근원되심, 등을 진정으로 믿으라고 말씀하십니다.

우리가 성경에 기록된 창세기의 천지창조에서부터 과거 역사 속에서 이루신 사건들은 믿음이 쉽게 갑니다. 이를 부정하지 않고 인정합니다. 또한 성경 말씀 전체를 인정하고 믿는다고 고백은 합니

♥ 자기성찰&메모

다. 그런데 순종, 신뢰, 사랑, 능력, 치유, 기적, 축귀에 대한 현재적 믿음은 턱없이 부족합니다. 주님을 사랑하면 주님의 계명을 지킨다는 말씀이 요 14:15,21,23,24, 요일 3:17~24, 요일 5:1~3에서 기록되어 있습니다.

주님을 믿는다는 것은 주님을 사랑하는 것이요 주님을 사랑한다는 것은 주님의 말씀을 순종하는 것임을 명심해야 합니다.

우리가 하나님의 말씀을 100% 순종하지 못하고 있는 자신의 모습을 성찰해 보면 주님에 대한 믿음과 사랑이 어느 정도인지 쉽게 가늠할 수 있습니다. 사랑하라는 계명을 순종할 수 있는 큰 믿음 갖도록, 믿음이 충만하도록, 열매가 풍성한 믿음 되도록, 매일 반복적인 말씀의 묵상과 찬양과 기도와 임재확신과 자기죽음과 회개 훈련을 함으로 순종하는 일에 충성을 다해야 할 것입니다.

- 예수께서 이르시되 할 수 있거든이 무엇이냐 믿는 자에게는 능히 하지 못할 일이 없느니라. - 마 9:23
- 내가 진실로 진실로 너희에게 이르노니 나를 믿는 자는 내가 하는 일을 그도 할 것이요 또한 그보다 큰일도 하리니 - 요 14:12

♥ 자기성찰&메모

① 하나님은 창조주, 전지전능자, 영, 영원함, 거룩, 말씀, 빛, 생명, 생사화복의 근원, 반석, 피난처, 산성, 방패, 구원자, 목자, 죄를 용서하심, 병 고치심, 임마누엘, 사랑, 아버지, 심판 주, 왕이심을 믿으면서 되새김합니다.

② 예수님은 독생자 하나님의 아들, 인자, 어린양, 죄와 질병과 가난과 저주의 대속자, 십자가 죽음, 부활, 동거동행하심, 중보자, 대언자(보혜사), 영원함, 전능자, 말씀, 창조자, 구세주, 생명, 길, 진리, 참 빛, 만왕의 왕, 재림, 심판주, 아멘, 알파와 오메가, 하나님, 임마누엘이심을 믿으면서 되새김합니다.

③ 성령님은 보혜사, 하나님의 영, 그리스도의 영, 영원함, 전능함, 진리의 영, 성결의 영, 불세례 주심, 권능주심, 은사와 열매주심, 동거동행하심, 충만케 하심, 그리스도를 증거하게 하심, 죄와 의와 심판에 대하여 세상을 책망하심, 치유하심, 불, 바람, 비둘기, 기름, 생수 같이 역사하심, 우리를 위해 간구해주시는 분임을 믿으면서 되새김합니다.

♥ 자기성찰&메모

- 하나님은 어떤 분인가? -

제1단계 ① 하나님에 대한 요약 되새김 훈련

찬송 63~79장

1. 하나님은 영이시고, 스스로 있는 자시고, 천지만물과 나를 지으시고 생육, 번성, 충만, 정복, 다스리는 복을 주신분이십니다.(창1:1~2,27,28 사43:21, 시139:13,14, 요4:24, 출3:14)

2. 하나님은 전지전능하신 왕이시며 주님이시며 거룩하시고 위대하신 분이십니다.(시50:1, 시145:1, 사 43:15, 시77:13)

3. 하나님은 생사화복을 주관하시고 형통케 하시고 복을 주시는 분이십니다.(신28:1~15, 신30:15~16, 삼상2:6~10, 시1:1~3, 렘17:7~8, 롬4:17)

4. 하나님은 나의 반석, 피난처와 산성과 방패와 구원자, 돕는 자, 빛, 진리, 말씀이십니다.(시18:1~3, 시144:1~2, 시121:1~8, 시27:1, 사65~16, 요일1:5)

5. 하나님은 모든 죄를 사하시며 모든 병을 고치시는 분이십니다.(시103:3~5, 출15:26, 말4:2)

♥ 자기성찰 & 메모

6. 하나님은 우리와 함께 하시고, 목자시고, 인도하시고, 굳세게 하시고, 도우시고, 붙들어주시는 분이십니다.(출13:21~22, 수1:9, 시23:1~6, 시91:11, 사41:10, 잠16:9)

7. 하나님은 사랑이시며, 나를 사랑하시고 내 안에도 계신 분이십니다.(요3:16, 롬5:8, 요일4:8,16)

8. 하나님은 나의 아버지시며 찬송과 영광을 받으시는 분이십니다.(갈4:6, 고후1:3, 계7:12)

9. 하나님은 나에게 새 힘과 은혜와 평강을 주시는 분이십니다.
   (사40:31, 출15:2, 합3:19, 민6:25~26)

10. 하나님은 소멸하는 불이시고 심판하시는 분이십니다.
    (히12:29, 전3:17, 전12:13~14, 렘17:10, 시1:5)

그동안 하나님에 대한 믿음과 사랑과 순종이 부족하였습니다. 주님의 보혈로 덮어주시고 충만케 채워주옵소서.

♥ 자기성찰 & 메모

제1단계 ① 하나님에 대한 되새김 성경구절

☆중요한 구절은 암송합니다.

☆말씀에 대한 믿음과 순종이 부족한 부분을 회개하면서 묵상합니다.

1. 하나님은 영이시고, 스스로 있는 자시고, 천지만물과 나를 지으시고 생육, 번성, 충만, 정복, 다스리는 복을 주신분이십니다.
- 창 1:1~2 태초에 하나님이 천지를 창조하시니라 …… 하나님의 영은 수면위에 운행하시니라
- 창 1:27~28 하나님은 자기 형상 곧 하나님의 형상대로 사람을 창조하시되 남자와 여자를 창조하시고
- 사 43:21 이 백성은 내가 나를 위하여 지었나니 나를 찬송하게 하려 함이니라
- 시 139:13,14 주께서 내 내장을 지으시며 나의 모태에서 나를 만드셨나이다 내가 주께 감사하옴은 나를 지으심이 심히 기묘하심이라 주께서 하시는 일이 기이함을 내 영혼이 잘 아나이다

♥ 자기성찰&메모

- 요 4:24 하나님은 영이시니 예배하는 자가 영과 진리로 예배할지니라
- 출 3:14 나는 스스로 있는 자이니라

2. 하나님은 전지전능하신 왕이시며 주님이시며 거룩하시고 위대하신 분이십니다.
- 시 50:1 전능하신 이 여호와 하나님께서 말씀하사 해 돋는 데서부터 지는 데까지 세상을 부르셨도다
- 시 145:1 왕이신 나의 하나님이여 내가 주를 높이고 영원히 주의 이름을 송축하리이다
- 사 43:15 나는 여호와 너희의 거룩한 이요 이스라엘의 창조자요 너희의 왕이니라
- 시 77:13 하나님이여 주의 도는 극히 거룩하시오니 하나님과 같이 위대하신 신이 누구오니이까

3. 하나님은 생사화복을 주관하시고 형통케 하시고 복을 주시는 분이십니다.

♥ 자기성찰 & 메모

- 신 28:1~15 네가 네 하나님 여호와의 말씀을 삼가 듣고 내가 오늘 네게 명령하는 그의 모든 명령을 지켜 행하면 네 하나님 여호와께서 너를 세계 모든 민족 위에 뛰어나게 하실 것이라 네가 네 하나님 여호와의 말씀을 청종하면 이 모든 복이 네게 임하며 네게 이르리니 성읍에서도 복을 받고 들에서도 복을 받을 것이며 네 몸의 자녀와 네 토지의 소산과 네 짐승의 새끼와 소와 양의 새끼가 복을 받을 것이며 네 광주리와 떡 반죽 그릇이 복을 받을 것이며 네가 들어와도 복을 받고 나가도 복을 받을 것 이니라 여호와께서 너를 대적하기 위해 일어난 적군들을 네 앞에서 패하게 하시리라 그들이 한 길로 너를 치러 들어왔으나 네 앞에서 일곱 길로 도망하리라 여호와께서 명령하사 네 창고와 네 손으로 하는 모든 일에 복을 내리시고 네 하나님 여호와께서 네게 주시는 땅에서 네게 복을 주실 것이며 여호와께서 네게 맹세하신 대로 너를 세워 자기의 성민이 되게 하시리니 이는 네가 네 하나님 여호와의 명령을 지켜 그 길로 행할 것임이니라 땅의 모든 백성이 여호와의 이름이 너를 위하여 불리

♥ 자기성찰&메모

는 것을 보고 너를 두려워하리라 여호와께서 네게 주리라고 네 조상들에게 맹세하신 땅에서 네게 복을 주사 네 몸의 소생과 가축의 새끼와 토지의 소산을 많게 하시며 여호와께서 너를 위하여 하늘의 아름다운 보고를 여시사 네 땅에 때를 따라 비를 내리시고 네 손으로 하는 모든 일에 복을 주시리니 네가 많은 민족에게 꾸어줄지라도 너는 꾸지 아니할 것이요 여호와께서 너를 머리가 되고 꼬리가 되지 않게 하시며 위에만 있고 아래에 있지 않게 하시리니 오직 너는 내가 오늘 네게 명령하는 네 하나님 여호와의 명령을 듣고 지켜 행하며 내가 오늘 너희에게 명령하는 그 말씀을 떠나 좌로나 우로나 치우치지 아니하고 다른 신을 따라 섬기지 아니하면 이와 같으리라 네가 만일 네 하나님 여호와의 말씀을 순종하지 아니하여 내가 오늘 네게 명령하는 그의 모든 명령과 규례를 지켜 행하지 아니하면 이 모든 저주가 네게 임하며 네게 이를 것이니
- 신 30:15~16 보라 내가 오늘 생명과 복과 사망과 화를 네 앞에 두었나니 곧 내가 오늘 네게 명령하여 네 하나님 여호와를

♥ 자기성찰&메모

사랑하고 그 모든 길로 행하며 그의 명령과 규례와 법도를 지키라 하는 것이라 그리하면 네가 생존하며 번성할 것이요 또 네 하나님 여호와께서 네가 가서 차지할 땅에서 네게 복을 주실 것임이니라
- 삼상 2:6~10 여호와는 죽이기도 하시고 살리기도 하시며 스올에 내리게도 하시고 거기에서 올리기도 하시는도다 여호와는 가난하게도 하시고 부하게도 하시며 낮추기도 하시고 높이기도 하시는도다 가난한 자를 진토에서 일으키시며 빈궁한 자를 거름더미에서 올리사 귀족들과 함께 앉게 하시며 영광의 자리를 차지하게 하시는도다 땅의 기둥들은 여호와의 것이라 여호와께서 세계를 그것들 위에 세우셨도다 그가 그의 거룩한 자들의 발을 지키실 것이요 악인들을 흑암 중에서 잠잠하게 하시리니 힘으로는 이길 사람이 없음이로다 여호와를 대적하는 자는 산산이 깨어질 것이라 하늘에서 우레로 그들을 치시리로다 여호와께서 땅 끝까지 심판을 내리시고 자기 왕에게 힘을 주시며 자기의 기름 부음을 받은 자의 뿔을 높이시리로다 하니라

♥ 자기성찰 & 메모

- **시 1:1~3** 복 있는 사람은 악인들의 꾀를 따르지 아니하며 죄인들의 길에 서지 아니하며 오만한 자들의 자리에 앉지 아니하고 오직 여호와의 율법을 즐거워하며 그의 율법을 주야로 묵상하는 자로다. 그는 시냇가에 심은 나무가 철을 따라 열매를 맺으며 그 잎사귀가 마르지 아니함 같으니 그가 하는 모든 일이 다 형통하리로다.
- **렘 17:7~8** 무릇 여호와를 의지하며 여호와를 의뢰하는 그 사람은 복을 받을 것이라 그는 물가에 심어진 나무가 그 뿌리를 강변에 뻗치고 더위가 올지라도 두려워하지 아니하며 그 잎이 청청하며 가무는 해에도 걱정이 없고 결실이 그치지 아니함 같으리라.
- **롬 4:17** 기록된 바 내가 너를 많은 민족의 조상으로 세웠다 하심과 같으니 그가 믿은 바 하나님은 죽은 자를 살리시며 없는 것을 있는 것으로 부르시는 이시니라

♥ 자기성찰&메모

4. 하나님은 나의 반석, 피난처와 산성과 방패와 구원자, 돕는 자, 빛, 진리, 말씀이십니다.

- 시 18:1~3 나의 힘이신 여호와여 내가 주를 사랑하나이다 여호와는 나의 반석이시요 나의 요새시요 나를 건지시는 이시요 나의 하나님이시요 내가 그 안에 피할 나의 바위시요 나의 방패시요 나의 구원의 뿔 이시요 나의 산성이시로다 내가 찬송 받으실 여호와께 아뢰리니 내 원수들에게서 구원을 얻으리로다
- 시 144:1~2 나의 반석이신 여호와를 찬송 하리로다 그가 내 손을 가르쳐 싸우게 하시며 손가락을 가르쳐 전쟁하게 하시는 도다 여호와는 나의 사랑이시요 나의 요새이시요 나의 산성이시오 나를 건지시는 이시요 나의 방패이시니 내가 그에게 피하였고 그가 내 백성을 내게 복종하게 하셨나이다
- 시 121:1~8 내가 산을 향하여 눈을 들리라 나의 도움이 어디서 올까 나의 도움은 천지를 지으신 여호와에게서 로다 여호와께서 너를 실족하지 아니하게 하시며 너를 지키시는 이가 졸지

♥ 자기성찰&메모

아니하시리로다 이스라엘을 지키시는 이는 졸지도 아니하시고 주무시지도 아니하시리로다 여호와는 너를 지키시는 이시라 여호와께서 네 오른쪽에서 네 그늘이 되시나니 낮의 해가 너를 상하게 하지 아니하며 밤의 달도 너를 해치지 아니하리로다 여호와께서 너를 지켜 모든 환난을 면하게 하시며 또 네 영혼을 지키시리로다 여호와께서 너의 출입을 지금부터 영원까지 지키시리로다

- 시 27:1 여호와는 나의 빛이요 나의 구원이시니 내가 누구를 두려워하리요 여호와는 내 생명의 능력이시니 내가 누구를 무서워 하리요
- 사 65:16 이러므로 땅에서 자기를 위하여 복을 구하는 자는 진리의 하나님을 향하여 복을 구할 것이요
- 요일 1:5 곧 하나님은 빛이시라 그에게는 어둠이 조금도 없으시다는 것이니라
- 요 1:1 태초에 말씀이 계시니라, 말씀이 하나님과 함께 계셨으니 이 말씀은 곧 하나님이시라

♥ 자기성찰&메모

5. 하나님은 모든 죄를 사하시며 모든 병을 고치시는 분이십니다.
- 시 103:3~5 그가 네 모든 죄악을 사하시며 네 모든 병을 고치시며 네 생명을 파멸에서 속량하시고 인자와 긍휼로 관을 씌우시며 좋은 것으로 네 소원을 만족하게 하사 네 청춘을 독수리 같이 새롭게 하시는도다
- 출 15:26 이르시되 너희가 너희 하나님 나 여호와의 말을 들어 순종하고 내가 보기에 의를 행하며 내 계명에 귀를 기울이며 내 모든 규례를 지키면 내가 애굽 사람에게 내린 모든 질병 중 하나도 너희에게 내리지 아니하리니 나는 너희를 치료하는 여호와임이라
- 말 4:2 내 이름을 경외하는 너희에게는 공의로운 해가 떠올라서 치료하는 광선을 비추리니 너희가 나가서 외양간에서 나온 송아지 같이 뛰리라

6. 하나님은 우리와 함께 하시고, 목자시고, 인도하시고, 굳세게 하시고, 도우시고, 붙들어주시는 분이십니다.

♥ 자기성찰& 메모

- 출 13:21~22 여호와께서 그들 앞에서 가시며 낮에는 구름 기둥으로 그들의 길을 인도하시고 밤에는 불기둥을 그들에게 비추사 낮이나 밤이나 진행하게 하시니 낮에는 구름 기둥, 밤에는 불기둥이 백성 앞에서 떠나지 아니하니라
- 신 26:8 여호와께서 강한 손과 편 팔과 큰 위엄과 이적과 기사로 우리를 애굽에서 인도하여 내시고
- 수 1:9 내가 네게 명령한 것이 아니냐 강하고 담대하라 두려워하지 말며 놀라지 말라 네가 어디로 가든지 네 하나님 여호와가 너와 함께 하느니라 하시니라
- 시 23:1~6 여호와는 나의 목자시니 내게 부족함이 없으리로다 그가 나를 푸른 풀밭에 누이시며 쉴 만한 물 가로 인도하시는도다 내 영혼을 소생시키시고 자기 이름을 위하여 의의 길로 인도하시는도다 내가 사망의 음침한 골짜기로 다닐지라도 해를 두려워하지 않을 것은 주께서 나와 함께 하심이라 주의 지팡이와 막대기가 나를 안위 하시나이다 주께서 내 원수의 목전에서 내게 상을 차려 주시고 기름을 내 머리에 부으셨으니 내

♥ 자기성찰&메모

잔이 넘치나이다 내 평생에 선하심과 인자하심이 반드시 나를 따르리니 내가 여호와의 집에 영원히 살리로다
- 시 91:11 그가 너를 위하여 그의 천사들을 명령하사 네 모든 길에서 너를 지키게 하심이라
- 사 41:10 두려워하지 말라 내가 너와 함께 함이라 놀라지 말라 나는 네 하나님이 됨이라 내가 너를 굳세게 하리라 참으로 너를 도와주리라 참으로 나의 의로운 오른손으로 너를 붙들리라
- 잠 16:9 사람이 마음으로 자기의 길을 계획할지라도 그의 걸음을 인도하시는 이는 여호와시니라

7. 하나님은 사랑이시며, 나를 사랑하시고 내 안에도 계신 분이십니다.
- 요 3:16 하나님이 세상을 이처럼 사랑하사 독생자를 주셨으니 이는 그를 믿는 자마다 멸망하지 않고 영생을 얻게 하려 하심이라
- 롬 5:8 우리가 아직 죄인 되었을 때에 그리스도께서 우리를 위

♥ 자기성찰&메모

하여 죽으심으로 하나님께서 우리에 대한 자기의 사랑을 확증 하셨느니라
- 요일 4:8 사랑하지 아니하는 자는 하나님을 알지 못하나니 이는 하나님은 사랑이심이라
- 요일 4:16 하나님이 우리를 사랑하시는 사랑을 우리가 알고 믿었노니 하나님은 사랑이시라 사랑 안에 거하는 자는 하나님 안에 거하고 하나님도 그의 안에 거하시느니라

8. 하나님은 나의 아버지시며 찬송과 영광을 받으시는 분이십니다.
- 갈 4:6 너희가 아들이므로 하나님이 그 아들의 영을 우리 마음 가운데 보내사 아빠 아버지라 부르게 하셨느니라
- 고후 1:3 찬송 하리로다 그는 우리 주 예수 그리스도의 하나님이시요 자비의 아버지시요 모든 위로의 하나님이시며
- 계 7:12 이르되 아멘 찬송과 영광과 지혜와 감사와 존귀와 권능과 힘이 우리 하나님께 세세토록 있을지어다 아멘 하더라

♥ 자기성찰&메모

9. 하나님은 나에게 새 힘과 은혜와 평강을 주시는 분이십니다.
- **사 40:31** 오직 여호와를 앙망하는 자는 새 힘을 얻으리니 독수리가 날개 치며 올라감 같을 것이요 달음박질하여도 곤비하지 아니하겠고 걸어가도 피곤하지 아니하리로다
- **출 15:2** 여호와는 나의 힘이요 노래시며 나의 구원이시로다 그는 나의 하나님이시니 내가 그를 찬송할 것이요 내 아버지의 하나님이시니 내가 그를 높이리로다
- **합 3:19** 주 여호와는 나의 힘이시라 나의 발을 사슴과 같게 하사 나를 나의 높은 곳으로 다니게 하시리로다 이 노래는 지휘하는 사람을 위하여 내 수금에 맞춘 것 이니라
- **민 6:25~26** 여호와는 그의 얼굴을 네게 비추사 은혜 베푸시기를 원하며 여호와는 그 얼굴을 네게로 향하여 드사 평강주시기를 원하노라 할지니라

10. 하나님은 소멸하는 불이시고 심판하시는 분이십니다.
- **히 12:29** 우리 하나님은 소멸하는 불이심이라

♥ 자기성찰&메모

- 전 3:17 내가 내 마음속으로 이르기를 의인과 악인을 하나님이 심판하시리니 이는 모든 소망하는 일과 모든 행사에 때가 있음이라 하였으며
- 전 12:13, 14 일의 결국을 다 들었으니 하나님을 경외하고 그의 명령들을 지킬지어다 이것이 모든 사람의 본분이니라 하나님은 모든 행위와 모든 은밀한 일을 선악 간에 심판하시리라
- 렘 17:10 나 여호와는 심장을 살피며 폐부를 시험하고 각각 그의 행위와 그의 행실대로 보응하나니
- 시 1:5 그러므로 악인들은 심판을 견디지 못하며 죄인들이 의인들의 모임에 들지 못 하리로다

♥ 자기성찰&메모

제1단계 ① 하나님께 대한 감사 기도

† 하나님은 천지만물을 만드신 창조주이심을 믿고 감사드리며 찬양합니다.
† 하나님은 인간을 하나님의 형상대로 창조 하셨사오니 감사와 찬양을 드립니다,
† 하나님은 전지전능하시고 무소부재하신 것을 믿고 감사와 찬양을 드립니다.
† 하나님은 모든 피조물을 다스리시는 만왕의 왕이시며 만주의 주인이심을 믿고 감사와 찬양을 드립니다.
† 하나님은 내 인생의 생사화복을 주관하시며 만복의 근원이시오 내 생명의 근원이심을 믿고 감사와 찬양을 드립니다.
† 하나님은 나의 반석이시며 피난처이시며 산성과 방패이심을 믿고 감사와 찬양을 드립니다.
† 하나님은 나의 구원자시요 보호자시요 인도자시며 목자이시며 돕는 자이심을 믿고 감사와 찬양을 드립니다.
† 하나님은 마귀의 권세와 어둠을 몰아내시는 능력이시오 참 빛이심을 믿고 감사와 찬양을 드립니다.
† 하나님은 나와 항상 함께 하셔서 환난에서 건져주시고 새 힘을 주시고 날 사랑하시는 나의 구원자가 되셨사오니 감사와 찬송을 드립니다.
† 하나님은 나의 모든 죄를 용서하시며 나의 모든 병을 고쳐주시는 분임을 믿고 감사와 찬양을 드립니다.
† 하나님은 죄인을 심판하시는 분임을 믿고 존귀와 찬양과 영광

을 돌립니다.
† 하나님 여호와의 말씀을 듣고 모든 명령을 지켜 행하는 자에게 세계 모든 민족위에 뛰어나게 하심을 감사드립니다.
† 하나님 여호와의 말씀을 청종하면 성읍에서도 들에서도 복을 받고 자녀와 토지의 소산과 짐승의 새끼와 소와 양의 새끼가 복을 받고, 광주리와 떡 반죽 그릇이 복을 받고 들어와도 나가도 복을 받게 하심을 감사드립니다.
† 나의 창고와 내 손으로 하는 모든 일에 복을 내리시고 자기의 성민이 되게 하시니 감사와 찬양을 드립니다.
† 적군들을 내 앞에서 패하게 하시며 나를 치러 한 길로 들어왔으나 일곱 길로 도망하게 하시니 감사와 찬양을 드립니다.
† 여호와께서 나를 위하여 하늘의 아름다운 보고를 여시고 땅에 때를 따라 비를 내리시니 감사와 찬양을 드립니다.
† 내 손으로 하는 모든 일에 복을 주셔서 많은 민족에게 꾸어줄지라도 꾸지 아니하게 하시니 감사와 찬송을 드립니다.
† 성경말씀을 주야로 묵상함으로써 악인과 죄인과 오만한 자를 따르지 않게 하시고, 복 있는 사람이 되어서 철따라 열매 맺게 하시오니 감사와 찬송을 드립니다.
† 생명의 말씀을 들을 때에 깨닫는 자에게 그 말씀을 순종 할 수 있는 옥토가 되어 100배, 60배, 30배 열매를 맺게 하시오니 감사와 찬송을 드립니다.
† 여호와를 경외하는 것이 지식의 근본이요 지혜의 근본임을 알게 하시고 명철의 말씀을 깨닫게 하며 지혜롭게 공의롭게 정의롭게 정직하게 행할 일에 대하여 훈계하여 주시오니 감사와 찬

양을 드립니다.
† 하나님을 경외하고 그의 명령을 지키는 것이 모든 사람의 본분임을 가르쳐주시고 모든 행위를 선악 간에 심판하시오니 감사와 찬송을 드립니다.
† 여호와는 나의 목자가 되셔서 내게 부족함이 없게 하시며 나를 푸른 풀밭으로 쉴만한 물가로 인도하시오니 감사와 찬송을 드립니다.
† 하나님은 내 영혼을 소생시키시고 자기 이름을 위하여 의의 길로 인도하여 주시오니 감사와 찬송을 드립니다.
† 하나님은 내가 사망의 음침한 골짜기로 다닐지라도 나와 함께 하시며 주의 지팡이와 막대기로 안위하셔서 두려워하지 않게 하시니 감사와 찬양을 드립니다.
† 하나님은 내 원수의 목전에서 상을 차려주시고 내 머리에 기름을 부으시고 내 잔이 넘치게 하시니 감사와 찬송을 드립니다.
† 하나님은 내 평생에 선하심과 인자하심이 반드시 따르게 하시고 여호와의 집에 영원히 살게 하시니 감사와 찬송을 드립니다.
† 하나님은 나와 함께 하셔서 두려워하지 않게 하시고 놀라지 않게 하시고 굳세게 하시고 나를 도와주시고 하나님의 의로운 오른손으로 붙들어 주시오니 감사와 찬송을 드립니다.
† 여호와를 앙망하는 자에게 새 힘을 주시고, 달음박질 하여도 곤비치 않고 걸어가도 피곤치 않게 하시니 감사와 찬송을 드립니다.
† 하나님은 나에게 계명을 주셔서 우상을 버리게 하시고 하나님

만을 섬기게 하시오니 감사와 찬송을 드립니다.

† 하나님은 이 세상에 독생자 예수님을 보내셔서 예수님을 믿는 자마다 멸망치 않고 영생을 얻게 하셨으니 감사와 찬송을 드립니다.

† 하나님은 아들의 영을 내 마음속에 보내셔서 하나님을 아빠 아버지라 부르게 하시오니 감사와 찬송을 드립니다.

† 하나님은 성경 말씀을 주셔서 나의 인생길에 등불이 되게 하셨고 그 말씀을 불기둥과 구름기둥으로 삼으시고 인도하여 주시오니 감사와 찬송을 드립니다.

† 하나님은 성령으로 내 마음 속에 들어오셔서 영원히 함께 계시고 해와 달이 상치 않게 하시고 나의 출입을 항상 지켜 주시오니 감사와 찬송을 드립니다.

† 하나님은 내가 환란과 시련 중에도 부르짖어 기도하게 하시고 인내와 연단의 은혜를 주시고 피할 길도 열어 주시오니 감사와 찬송을 드립니다.

† 하나님은 나를 산제물 되게 하시고 나의 예배와 찬양과 기도와 헌신을 받으시고 기뻐하시고 영광으로 받아주시니 더욱 감사와 찬송을 드립니다.

† 하나님은 하나님의 선하시고 기뻐하시는 뜻이 무엇인지를 말씀으로 알게 하시고 깨닫게 하시고 행하게 하시오니 감사와 찬송을 드립니다.(사랑, 화평, 기쁨, 인내, 자비, 양선, 온유, 충성, 절제, 범사에 감사, 쉬지 않고 기도, 겸손, 용서, 믿음, 순종, 의로움, 진실함, 희생, 섬김, 근면, 거룩(성결), 전도, 구제 부모공경, 예배 찬양, 정성, 순교)

† 여호와의 말을 순종하고 의를 행하며 계명과 규례를 지키면 애굽에 내린 질병중 하나도 내리지 아니하며 우리를 치료하시는 여호와가 되어 주시오니 감사와 찬송을 드립니다.
† 하나님의 법과 명령을 지키면 장수하게 하시고 평강을 더하여 주시고 여호와를 경외하며 악을 떠나면 몸에 양약이 되어 골수를 윤택케 하시오니 감사와 찬송을 드립니다.
† 마음에 즐거움은 양약이 되게 하시고 심령의 근심은 뼈를 마르게 하시오니 감사와 찬송을 드립니다,
† 주의 말씀이 내 발에 등이요 내 길에 빛이 되게 하시오니 감사와 찬송을 드립니다.
† 무릇 여호와를 의지하며 여호와를 의뢰하는 그 사람은 복을 받을 것이라 그는 물가에 심어진 나무가 그 뿌리를 강변에 뻗치고 더위가 올라올지라도 두려워하지 아니하며 그 잎이 청청하며 가무는 해에도 걱정이 없고 결실이 그치지 아니함 같으니라고 복된 말씀을 주시오니 감사와 찬송을 드립니다.
† 만물보다 거짓되고 심히 부패한 것은 마음이라 누가 능히 이를 알리요마는 여호와는 심장을 살피며 폐부를 시험하고 각각 그의 행위와 그의 행실대로 보응하시는 하나님의 뜻을 알게 하시오니 감사와 찬송을 드립니다.
† 악한 자의 집은 망하게 하시고 정직한 자의 장막은 흥하게 하시는 하나님의 뜻을 알게 하시오니 감사와 찬송을 드립니다.

- 예수님은 어떤 분인가? -

제1단계 ② 예수님에 대한 요약 되새김 훈련

찬송 80~181장

1. 내 안에 계신 예수님은 나의 길, 진리, 생명, 선한목자이십니다.(요14:6, 요10:10~11)
2. 예수님은 하나님의 아들, 독생자, 구주, 만왕의 왕, 만주의 주, 대제사장이십니다.(막1:1, 요1:4, 눅2:11, 요 3:16, 행5:31, 계17:14, 요18:37, 히3:1, 4:14, 7:20,26)
3. 예수님은 채찍에 맞으셨고 십자가에서 죽으심으로 질병과 죄악과 가난과 저주를 대속하신 구원자(그리스도, 메시야)이십니다.(사53:5, 마8:17, 벧전2:24, 갈3:13, 고후8:9)
4. 예수님은 사망권세, 마귀권세를 이기시고 부활하신 부활의 주님이십니다.(요11:25~26, 고전15:20, 롬14:9, 계1:18, 요일3:8)
5. 예수님은 내 맘속에 들어와 계신 내 주인이십니다.(갈2:20, 엡3:17, 고후13:5, 요14:20, 요15:5, 롬 14:8)

♥ 자기성찰 & 메모

6. 예수님은 영원토록 함께 계셔서 나와 동행동거, 대언자(보혜사)십니다.(마1:23, 마28,20, 계3:20, 요일2:1)

7. 예수님은 어두움을 몰아내시는 빛이십니다.(요1:4,9, 요8:12, 요일1:5)

8. 예수님은 전지전능하신 창조자, 말씀, 기묘자, 모사, 하나님, 영생, 평강의 왕, 모든 권세를 가지신 분이십니다.(요1:14, 마28:18, 요20:28, 사9:6, 요일5:20)

9. 예수님은 믿는 자에게 하나님의 자녀권세, 표적, 축귀, 치유, 전도의 권능을 주시는 분이십니다.(요1:12, 막3:15, 막16:17~18, 마10:1, 막9:23, 막11:22,23)

10. 예수님은 재림하셔서 심판하실 분이시며 능력과 부와 지혜와 힘과 존귀와 영광과 찬송 받으시기에 합당하신 분이십니다.(마3:12, 요5:22, 계5:12, 22:12)

*예수님에 대한 믿음과 사랑과 순종이 부족하였습니다. 행함이 있는 믿음 되게 하옵소서. 믿음과 사랑을 충만케 하옵소서

♥ 자기성찰 & 메모

제1단계 ② 예수님에 대한 되새김 성경구절

☆중요한 구절은 암송합니다.

☆말씀에 대한 믿음과 순종이 부족한 점을 회개하면서 묵상합니다

1. 내 안에 계신 예수님은 나의 길, 진리, 생명, 선한목자이십니다.
- 요 1:4 그 안에 생명이 있었으니 이 생명은 사람들의 빛이라
- 요 14:6 예수께서 이르시되 내가 곧 길이요 진리요 생명이니 나로 말미암지 않고는 아버지께로 올 자가 없느니라
- 요 10:10~11 도둑이 오는 것은 도둑질하고 죽이고 멸망시키려는 것뿐이요 내가 온 것은 양으로 생명을 얻게 하고 더 풍성히 얻게 하려는 것이라 나는 선한 목자라 선한 목자는 양들을 위하여 목숨을 버리거니와

2. 예수님은 하나님의 아들, 독생자, 구주, 만왕의 왕, 만주의 주, 대제사장이십니다.

♥ 자기성찰&메모

- 막 1:1 하나님의 아들 예수 그리스도의 복음의 시작이라
- 눅 2:11 오늘 다윗동네에 너희를 위하여 구주가 나셨으니 곧 그리스도 주시니라
- 요 3:16 하나님이 세상을 이처럼 사랑하사 독생자를 주셨으니
- 행 5:31 이스라엘에게 회개함과 죄 사함을 주시려고 그를 오른손으로 높이사 임금과 구주로 삼으셨느니라
- 계 17:14 그들이 어린 양과 더불어 싸우려니와 어린 양은 만주의 주시요 만왕의 왕이시므로 그들을 이기실 터이요 또 그와 함께 있는 자들 곧 부르심을 받고 택하심을 받은 진실한 자들도 이기리로다
- 요 18:37 예수께서 대답하시되 네 말과 같이 내가 왕이니라
- 히 3:1 대제사장이신 예수를 깊이 생각하라
- 히 4:14 우리에게 큰 대제사장이 계시니 승천하신 이 곧 하나님의 아들 예수시라
- 히 7:20,26 또 예수께서 제사장이 되신 것은 맹세 없이 된 것이 아니니, 이러한 대제사장은 우리에게 합당하니 거룩하고 악

♥ 자기성찰&메모

이 없고 더러움이 없고 죄인에게서 떠나 계시고 하늘보다 높이 되신 이라

3. 예수님은 채찍에 맞으셨고 십자가에 죽으심으로 질병과 죄악과 가난과 저주를 대속하신 구원자(그리스도, 메시야)이십니다.
- 사 53:5 그가 찔림은 우리의 허물 때문이요 그가 상함은 우리의 죄악 때문이라 그가 징계를 받으므로 우리는 평화를 누리고 그가 채찍에 맞으므로 우리는 나음을 받았도다
- 마 8:17 이는 선지자 이사야를 통하여 하신 말씀에 우리의 연약한 것을 친히 담당하시고 병을 짊어 지셨도다 함을 이루려 하심이더라
- 벧전 2:24 친히 나무에 달려 그 몸으로 우리 죄를 담당하셨으니 이는 우리로 죄에 대하여 죽고 의에 대하여 살게 하려 하심이라 그가 채찍에 맞음으로 너희는 나음을 얻었나니
- 갈 3:13 그리스도께서 우리를 위하여 저주를 받은바 되사 율법의 저주에서 우리를 속량하셨으니 기록된바 나무에 달린 자마다 저주 아래에 있는 자라 하였음이라

♥ 자기성찰&메모

- 고후 8:9 우리 주 예수 그리스도의 은혜를 너희가 알거니와 부요하신 이로서 너희를 위하여 가난하게 되심은 그의 가난함으로 말미암아 너희를 부요하게 하려 하심이라

4. 예수님은 사망권세 이기시고 부활하신 부활의 주님이십니다.
- 요 11:25~26 나는 부활이요 생명이니 나를 믿는 자는 죽어도 살겠고 무릇 살아서 나를 믿는 자는 영원히 죽지 아니하리니 이것을 네가 믿느냐
- 고전 15:20 그러나 이제 그리스도께서 죽은 자 가운데서 다시 살아나사 잠자는 자들의 첫 열매가 되셨도다
- 롬 14:9 이를 위하여 그리스도께서 죽었다가 다시 살아나셨으니 곧 죽은 자와 산 자의 주가 되려 하심이라
- 계 1:18 곧 살아 있는 자라 내가 전에 죽었었노라 볼 지어다 이제 세세토록 살아 있어 사망과 음부의 열쇠를 가졌노니
- 요일 3:8 하나님의 아들이 나타나신 것은 마귀의 일을 멸하려 하심이라

♥ 자기성찰 & 메모

5. 예수님은 내 맘속에 들어와 계신 내 주인이십니다.

- 갈 2:20 내가 그리스도와 함께 십자가에 못 박혔나니 그런즉 이제는 내가 사는 것이 아니요 오직 내 안에 그리스도께서 사시는 것이라 이제 내가 육체 가운데 사는 것은 나를 사랑하사 나를 위하여 자기 자신을 버리신 하나님의 아들을 믿는 믿음 안에서 사는 것이라
- 엡 3:17 믿음으로 말미암아 그리스도께서 너희 마음에 계시게 하시옵고 너희가 사랑 가운데서 뿌리가 박히고 터가 굳어져서
- 고후 13:5 너희는 믿음 안에 있는가 너희 자신을 시험하고 너희 자신을 확증하라 예수 그리스도께서 너희 안에 계신 줄을 너희가 스스로 알지 못하느냐 그렇지 않으면 너희는 버림 받은 자니라
- 요 14:20 그 날에는 내가 아버지 안에, 너희가 내 안에, 내가 너희 안에 있는 것을 너희가 알리라
- 요 15:5 나는 포도나무요 너희는 가지라 그가 내 안에, 내가 그 안에 거하면 사람이 열매를 많이 맺나니 나를 떠나서는 너희가 아무 것도 할 수 없음이라

♥ 자기성찰&메모

- 롬 14:8 우리가 살아도 주를 위하여 살고 죽어도 주를 위하여 죽나니 그러므로 사나 죽으나 우리가 주의 것이로다

6. 예수님은 영원토록 함께 계셔서 나와 동행동거, 대언자(보혜사)십니다.
- 마 1:23 보라 처녀가 잉태하여 아들을 낳을 것이요 그의 이름은 임마누엘이라 하리라 하셨으니 이를 번역한즉 하나님이 우리와 함께 계시다 함이라
- 마 28:20 내가 너희에게 분부한 모든 것을 가르쳐 지키게 하라 볼지어다 내가 세상 끝 날까지 너희와 항상 함께 있으리라 하시니라
- 계 3:20 볼지어다 내가 문 밖에 서서 두드리노니 누구든지 내 음성을 듣고 문을 열면 내가 그에게로 들어가 그와 더불어 먹고 그는 나와 더불어 먹으리라
- 요일 2:1 나의 자녀들아 내가 이것을 너희에게 씀은 너희로 죄를 범하지 않게 하려 함이라. 만일 누가 죄를 범하여도 아버지 앞에서 우리에게 대언자가 있으니 곧 의로우신 예수 그리스도시라

♥ 자기성찰&메모

7. 예수님은 어두움을 몰아내시는 빛이십니다.
- 요 1:4,9 그 안에 생명이 있었으니 이 생명은 사람들의 빛이라 참 빛 곧 세상에 와서 각 사람에게 비추는 빛이 있었나니
- 요 8:12 예수께서 또 말씀하여 이르시되 나는 세상의 빛이니 나를 따르는 자는 어둠에 다니지 아니하고 생명의 빛을 얻으리라

8. 예수님은 전지전능하신 창조자, 말씀, 기묘자, 모사, 하나님, 영생, 평강의 왕, 모든 권세를 가지신 분이십니다.
- 요 1:14 말씀이 육신이 되어 우리 가운데 거하시매 우리가 그의 영광을 보니 아버지의 독생자의 영광이요 은혜와 진리가 충만하더라
- 마 28:18 예수께서 나아와 말씀하여 이르시되 하늘과 땅의 모든 권세를 내게 주셨으니
- 요 20:28 나의 주님이시여 나의 하나님 이시니이다

♥ 자기성찰&메모

- 사 9:6 이는 한 아기가 우리에게 났고 한 아들을 우리에게 주신 바 되었는데 그의 어깨에는 정사를 메었고 그의 이름은 기묘자라, 모사라, 전능하신 하나님이라 영존하시는 아버지라 평강의 왕이라 할 것임이라
- 요일 5:20 그는 참 하나님이시요 영생이시라

9. 예수님은 믿는 자에게 하나님의 자녀권세, 표적, 축귀, 치유, 전도의 권능을 주시는 분이십니다.
- 요 1:12 영접하는 자 그 이름을 믿는 자에게 하나님의 자녀가 되는 권세를 주셨으니
- 막 3:15 귀신을 내쫓는 권능도 가지게 하려 하심이러라
- 막 16:17~18 믿는 자들에게는 이런 표적이 따르리니 곧 그들이 내 이름으로 귀신을 쫓아내며 새 방언을 말하며 뱀을 집어 올리며 무슨 독을 마실지라도 해를 받지 아니하며 병든 사람에게 손을 얹은즉 나으리라 하시더라

♥ 자기성찰&메모

- 마 10:1 예수께서 그의 열두 제자를 부르사 더러운 귀신을 쫓아내며 모든 병과 모든 약한 것을 고치는 권능을 주시니라
- 막 9:23 예수께서 이르시되 할 수 있거든이 무슨 말이냐 믿는 자에게는 능히 하지 못할 일이 없느니라 하시니
- 막 11:22~23 예수께서 그들에게 대답하여 이르시되 하나님을 믿으라 내가 진실로 너희에게 이르노니 누구든지 이 산더러 들리어 바다에 던져지라 하며 그 말하는 것이 이루어질 줄 믿고 마음에 의심하지 아니하면 그대로 되리라

10. 예수님은 재림하셔서 심판하실 분이시며 능력과 부와 지혜와 힘과 존귀와 영광과 찬송 받으시기에 합당하신 분이십니다.
- 마 3:12 손에 키를 들고 자기의 타작마당을 정하게 하사 알곡은 모아 곳간에 들이고 쭉정이는 꺼지지 않는 불에 태우시리라
- 요 5:22 아버지께서 아무도 심판하지 아니하시고 심판을 다 아들에게 맡기셨으니
- 계 22:12 보라 내가 속히 오리니 내가 줄 상이 내게 있어 각 사람에게 그가 행한 대로 갚아 주리라

♥ 자기성찰&메모

- 계 5:12 죽임을 당하신 어린양은 능력과 부와 지혜와 힘과 존귀와 영광과 찬송을 받으시기에 합당하도다 하더라

♥ 자기성찰&메모

제1단계 ② 예수님에 대한 감사 기도

† 독생자 예수님을 영접하고 그 이름을 믿는 자에게 하나님의 자녀가 되게 해주시고 구원과 영생을 주시니 감사와 찬송을 드립니다.
† 예수님은 양의 문이 되셔서 양으로 생명을 얻고 더 풍성히 얻게 해주시니 감사와 찬송을 드립니다.
† 예수님은 나의 허물 때문에 찔리셨고 나의 죄악 때문에 피 흘려 죽으셨고 나의 질고 때문에 채찍에 맞으셔서 대속해 주신 은혜에 감사와 찬송을 드립니다.
† 예수님은 나의 길이요 진리요 생명이 되어주셨음을 믿고 감사와 찬송을 드립니다.
† 예수님은 만왕의 왕이시오 만주의 주이심을 믿고 감사와 찬송을 드립니다.
† 예수님은 나의 질병과 죄악과 가난과 저주를 십자가에서 대속하신 구주이심을 믿고 감사와 찬송을 드립니다.
† 예수님은 마귀 권세와 사망 권세를 이기시고 부활하셨으며 믿는 자에게 부활의 소망을 주셨으니 감사와 찬송을 드립니다.
† 예수님은 그리스도의 영으로 내 마음 속에 들어오셔서 세상 끝날까지 동거 동행하여 주시니 감사와 찬송을 드립니다.
† 예수님은 마귀의 세력을 멸하러 오셨고 어둠의 세력을 몰아내는 참 빛이심을 믿고 감사와 찬송을 드립니다.
† 예수님을 믿는 자에게 권능을 주시고 능치 못할 일이 없게 하시며 귀신을 쫓아내고 병을 고치는 권세를 주셔서 감사와 찬송

을 드립니다.
† 예수님은 곧 재림하셔서 행한 대로 심판하시는 만왕의 왕이심을 믿고 감사와 찬송을 드립니다.
† 그리스도 예수 안에 있는 자에게는 결코 정죄함이 없게 하시고 생명의 성령의 법이 죄와 사망의 법에서 나를 해방하여 주시오니 감사와 찬송을 드립니다.
† 누구든지 그리스도 안에 있으면 새로운 피조물이 되게 하시오니 감사와 찬송을 드립니다.
† 내가 그리스도와 함께 십자가에 못 박혔나니 그런즉 이제는 내가 산 것이 아니요 오직 내 안에 그리스도께서 살게 하시오니 감사와 찬송을 드립니다.
† 나를 부인하고 날마다 내 십자가를 지고 예수님을 따르라고 가르쳐주시니 감사와 찬송을 드립니다.
† 주 예수를 믿는 자에게 능히 하지 못할 일이 없게 하시고 표적과 기사와 이적을 행하게 하시오니 감사와 찬송을 드립니다.
† 내가 예수님 이름으로 무엇이든지 구하면 이루어주신다고 약속하시오니 감사와 찬송을 드립니다.

- 성령님은 어떤 분인가? -

제1단계 ③ 성령님에 대한 요약 되새김 훈련

찬송 182~197장

1. 내 안에 계신 성령님은 하나님의 영, 그리스도의 영이십니다.
   (롬8:9, 롬8:14, 행2:33)
2. 성령님은 보혜사, 진리의 영, 성결의 영이십니다.
   (요14:16, 요15:26, 요16:13, 요일5:6, 롬1:4)
3. 성령님은 거듭나게 하시고 성령세례와 성령충만을 주십니다.
   (요3:5, 행1:5, 마3:11, 엡5:18)
4. 성령님은 권능과 은사와 열매를 주십니다.
   (행1:8, 행2:4, 행2:38, 행19:6, 고전12:4~11, 갈5:22~23)
5. 성령님은 우리 안에 들어오셔서 영원히 함께 계십니다.
   (요14:16~17, 고전3:16, 눅11:13, 요20:22, 행2:33, 행10:44)

♥ 자기성찰&메모

6. 성령님은 불, 바람, 비둘기, 기름, 생수같이 임하시는 분이십니다.(행2:1~4, 마3:16, 요7:38~39)

7. 성령님은 모든 것을 가르치고 생각나게 하시고, 장래일을 알려주시고, 증거하시는 분이십니다.(요14:26, 요16:13, 마10:20, 고전2:4, 행1:8, 롬8:16, 요일5:6~8)

8. 성령님은 죄와 의와 심판에 대하여 세상을 책망하십니다.(요16:8~11)

9. 성령님은 마음을 새롭게 거룩하게 하시는 분이십니다.(딛3:5, 롬15:16)

10. 성령님은 우리를 위해 중보기도하시는 분이십니다.(롬8:26~27)

☆성령님에 대한 믿음과 친밀한 교제와 순종이 부족했습니다. 성령의 뜻대로 행하는 믿음되게 하옵소서.

♥ 자기성찰&메모

제1단계 ③ 성령님에 대한 되새김 성경구절

☆중요한 구절은 암송합니다.

☆말씀에 대한 믿음과 순종이 부족한 점을 회개하면서 묵상합니다.

1. 내 안에 계신 성령님은 하나님의 영, 그리스도의 영이십니다.
- 롬 8:9 만일 너희 속에 하나님의 영이 거하시면 너희가 육신에 있지 아니하고 영에 있나니 누구든지 그리스도의 영이 없으면 그리스도의 사람이 아니라
- 롬 8:14 무릇 하나님의 영으로 인도함을 받는 사람은 곧 하나님의 아들이라

2. 성령님은 보혜사, 진리의 영, 성결의 영이십니다.
- 요 14:16,26 내가 아버지께 구하겠으니 그가 또 다른 보혜사를 너희에게 주사 영원토록 너희와 함께 있게 하리니,
- 요 15:26 보혜사 곧 아버지께로 나오시는 진리의 성령이 오실 때에 그가 나를 증언하실 것이요

♥ 자기성찰&메모

- 요 16:13 그러나 진리의 성령이 오시면 그가 너희를 모든 진리 가운데로 인도하시리니 그가 스스로 말하지 않고 오직 들은 것을 말하며 장래 일을 너희에게 알리시리라
- 롬 1:4 성결의 영으로는 죽은 자들 가운데서 부활하사 능력으로 하나님의 아들로 선포되셨으니 곧 우리 주 예수 그리스도시니라

3. 성령님은 거듭나게 하시고 성령세례와 성령충만을 주십니다.
- 요 3:5 예수께서 대답하시되 진실로 진실로 네게 이르노니 사람이 물과 성령으로 나지 아니하면 하나님의 나라에 들어갈 수 없느니라
- 행 1:5 요한은 물로 세례를 베풀었으나 너희는 몇 날이 못 되어 성령으로 세례를 받으리라 하셨느니라
- 마 3:11 그는 성령과 불로 너희에게 세례를 베푸실 것이요
- 엡 5:18 술 취하지 말라 이는 방탕한 것이니 오직 성령으로 충만함을 받으라

♥ 자기성찰&메모

4. 성령님은 권능과 은사와 열매를 주십니다.
- 행 1:8 오직 성령이 너희에게 임하시면 너희가 권능을 받고 예루살렘과 온 유대와 사마리아와 땅 끝까지 이르러 내 증인이 되리라 하시니라
- 행 2:4 그들이 다 성령의 충만함을 받고 성령이 말하게 하심을 따라 다른 언어들로 말하기를 시작하니라
- 행 2:38 베드로가 이르되 너희가 회개하여 각각 예수 그리스도의 이름으로 세례를 받고 죄 사함을 받으라 그리하면 성령의 선물을 받으리니
- 행 19:6 바울이 그들에게 안수하매 성령이 그들에게 임하시므로 방언도 하고 예언도 하니
- 고전 12:4~11 은사는 여러 가지나 성령은 같고 직분은 여러 가지나 주는 같으며 또 사역은 여러 가지나 모든 것을 모든 사람 가운데서 이루시는 하나님은 같으니 각 사람에게 성령을 나타내심은 유익하게 하려 하심이라 어떤 사람에게는 성령으로 말미암아 지혜의 말씀을, 어떤 사람에게는 같은 성령을 따라 지

♥ 자기성찰&메모

식의 말씀을, 다른 사람에게는 같은 성령으로 믿음을, 어떤 사람에게는 한 성령으로 병 고치는 은사를, 어떤 사람에게는 능력 행함을, 어떤 사람에게는 예언함을, 어떤 사람에게는 영들 분별함을, 다른 사람에게는 각종 방언 말함을, 어떤 사람에게는 방언들 통역함을 주시나니 이 모든 일은 같은 한 성령이 행하사 그의 뜻대로 각 사람에게 나누어 주시는 것이니라
- 갈 5:22~23 오직 성령의 열매는 사랑과 희락과 화평과 오래 참음과 자비와 양선과 충성과 온유와 절제니 이같은 것을 금지할 법이 없느니라

5. 성령님은 우리 안에 들어오셔서 영원히 함께 계십니다.
- 요 14:16~17 내가 아버지께 구하겠으니 그가 또 다른 보혜사를 너희에게 주사 영원토록 너희와 함께 있게 하리니 그는 진리의 영이라 세상은 능히 그를 받지 못하나니 이는 그를 보지도 못하고 알지도 못함이라 그러나 너희는 그를 아나니 그는 너희와 함께 거하심이요 또 너희 속에 계시겠음이라

♥ 자기성찰&메모

- 고전 3:16 너희는 너희가 하나님의 성전인 것과 하나님의 성령이 너희 안에 계시는 것을 알지 못하느냐
- 눅 11:13 너희 하늘 아버지께서 구하는 자에게 성령을 주시지 않겠느냐 하시니라
- 요 20:22 이 말씀을 하시고 그들을 향하사 숨을 내쉬며 이르시되 성령을 받으라
- 행 2:33 그가 약속하신 성령을 아버지께 받아서 너희가 보고 듣는 이것을 부어주셨느니라
- 행 10:44 베드로가 이 말을 할 때에 성령이 말씀듣는 모든 사람에게 내려오시니

6. 성령님은 불, 바람, 비둘기, 기름, 생수같이 임하시는 분이십니다.
- 행 2:1~4 오순절 날이 이미 이르매 그들이 다 같이 한 곳에 모였더니 홀연히 하늘로부터 급하고 강한 바람 같은 소리가 있어 그들이 앉은 온 집에 가득하며 마치 불의 혀처럼 갈라지는 것

♥ 자기성찰 & 메모

들이 그들에게 보여 각 사람 위에 하나씩 임하여 있더니 그들이 다 성령의 충만함을 받고 성령이 말하게 하심을 따라 다른 언어들로 말하기를 시작하니라
- 마 3:16 예수께서 세례를 받으시고 곧 물에서 올라오실새 하늘이 열리고 하나님의 성령이 비둘기 같이 내려 자기 위에 임하심을 보시더니
- 요 7:38~39 나를 믿는 자는 성경에 이름과 같이 그 배에서 생수의 강이 흘러나오리라 하시니 이는 그를 믿는 자들이 받을 성령을 가리켜 말씀하신 것이라(예수께서 아직 영광을 받지 않으셨으므로 성령이 아직 그들에게 계시지 아니하시더라)

7. 성령님은 모든 것을 가르치고 생각나게 하시고, 장래일을 알려주시고, 증거하시는 분이십니다.
- 요 14:26 보혜사 곧 아버지께서 내 이름으로 보내실 성령 그가 너희에게 모든 것을 가르치고 내가 너희에게 말한 모든 것을 생각나게 하리라

♥ 자기성찰&메모

- 요 16:13 그러나 진리의 성령이 오시면 그가 너희를 모든 진리 가운데로 인도하시리니 그가 스스로 말하지 않고 오직 들은 것을 말하며 장래 일을 너희에게 알리시리라
- 마 10:20 말하는 이는 너희가 아니라 너희 속에서 말씀하시는 이 곧 너희 아버지의 성령이시니라
- 고전 2:4 내 말과 내 전도함이 설득력 있는 지혜의 말로 하지 아니하고 다만 성령의 나타나심과 능력으로 하여
- 행 1:8 오직 성령이 너희에게 임하시면 너희가 권능을 받고 예루살렘과 온 유대와 사마리아와 땅 끝까지 이르러 내 증인이 되리라 하시니라
- 롬 8:16 성령이 친히 우리 영과 더불어 우리가 하나님의 자녀인 것을 증언하시니
- 요일 5:6~8 증언하는 이는 성령이시니 성령은 진리니라 증언하는 이가 셋이니 성령과 물과 피라 또한 이 셋은 합하여 하나이니라

♥ 자기성찰&메모

8. 성령님은 죄와 의와 심판에 대하여 세상을 책망하십니다.
- **요 16:8~11** 그가 와서 죄에 대하여, 의에 대하여, 심판에 대하여 세상을 책망하시리라 죄에 대하여라 함은 그들이 나를 믿지 아니함이요 의에 대하여라 함은 내가 아버지께로 가니 너희가 다시 나를 보지 못함이요 심판에 대하여라 함은 이 세상 임금이 심판을 받았음이라

9. 성령님은 마음을 새롭게 거룩하게 하시는 분이십니다.
- **딛 3:5** 우리를 구원하시되 우리가 행한 바 의로운 행위로 말미암지 아니하고 오직 그의 긍휼하심을 따라 중생의 씻음과 성령의 새롭게 하심으로 하셨나니
- **롬 15:16** 이 은혜는 곧 나로 이방인을 위하여 그리스도 예수의 일꾼이 되어 하나님의 복음의 제사장 직분을 하게 하사 이방인을 제물로 드리는 것이 성령 안에서 거룩하게 되어 받으실 만하게 하려 하심이라

10. 성령님은 우리를 위해 중보기도하시는 분이십니다.
- **롬 8:26~27** 이와 같이 성령도 우리의 연약함을 도우시나니 우리는 마땅히 기도할 바를 알지 못하나 오직 성령이 말할 수 없는 탄식으로 우리를 위하여 친히 간구하시느니라 마음을 살피시는 이가 성령의 생각을 아시나니 이는 성령이 하나님의 뜻대로 성도를 위하여 간구하심이니라

제1단계 ③ 성령님에 대한 감사 기도

† 보혜사 성령을 보내주셔서 영원토록 나와 함께 동거 동행하여 주심에 감사와 찬송을 드립니다.
† 성령은 하나님의 영, 그리스도의 영으로써 영원하시고 전지전능하심을 믿고 감사와 찬송을 드립니다.
† 성령님은 모든 것을 생각나게 하시고 성령세례를 주시고 성령 충만과 권능을 주시니 감사와 찬송을 드립니다.
† 성령님은 나에게 여러 가지 은사와 아홉 가지 열매를 맺게 해 주시니 감사와 찬송을 드립니다.
† 성령님은 나의 마음을 새롭게 하시고 거룩하게 하시오니 감사와 찬송을 드립니다.
† 성령님은 하나님의 뜻대로 나를 위해 친히 간구 해주시니 감사와 찬송을 드립니다.
† 성령님은 불, 바람, 비둘기, 기름, 생수 같이 임하시오니 감사와 찬송을 드립니다.
† 성령님은 나를 진리 가운데로 인도하시고 장래 일을 알려주시오니 감사와 찬송을 드립니다.
† 성령님은 나에게 임하셔서 땅 끝까지 이르러 복음의 증인되게 하시니 감사와 찬송을 드립니다.
† 성령님은 나의 마음속에 계셔서 내 몸을 성전 되게 하시니 감사와 찬송을 드립니다.
† 성령님은 죄에 대하여 의에 대하여 심판에 대하여 책망하시고 깨닫게 하시니 감사와 찬송을 드립니다.

*"기도는 잠시의 망설임도 없이
'저는 인간이고 당신은 하나님이십니다' 라는 고백이다."*
- 필립 얀시

옛날 임금이 타는 당나귀가 한 마리가 있었다.
임금이 당나귀를 타고 나라를 한 바퀴 순찰하면
온 국민들이 나와서 왕에게 환호하고 박수갈채를 보낸다.
임금을 등에 태운 나귀는 왕을 태운 역할에 걸맞게
온갖 아름다운 장식을 해서 멋지게 보인다.
국민들은 왕과 함께 그 나귀를 향해서도 갈채와 찬사를 보낸다.
이러한 갈채와 환호에 고무된 나귀는
어느날 왕을 땅에다 내동댕이쳤다.
왜냐하면 국민들의 갈채와 환호를 혼자서 다 받기 위해서였다.
나귀는 왕이 없으면 그 모든 환호와 갈채를
자신이 모두 받을 수 있을 것이라고 착각한 것이다.
그러나 나귀가 왕을 땅에다 내동댕이치는 순간,
나귀에게는 참수형이 내려졌다.
인간은 하나님의 존귀 아래 거하면서 영광을 누린다.
인간이 하나님을 버리면 모든 것으로부터 멀어진다.
하나님이 사라진 세계에는 존귀와 영광이 없다.

제2단계 ✝ 성부 · 성자 · 성령님에 대한 영접과 임재확신훈련 방법

찬송 286~292, 430~449

이 믿음의 시작은 말씀을 듣고 읽는데서 생겨납니다(롬 10:17) 믿음을 자라나게 하려면 말씀을 자주 먹어야 합니다. 말씀을 매일 묵상하면서 순종해야 믿음이 강건해집니다. 그러므로 먼저 요약 되새김 훈련 항목과 관련 성경구절을 5번 이상 되새김하면서 영접과 임재에 대한 믿음을 가져야 합니다.

요1:12에서 영접과 믿음은 동시적인 사건이며 죄인이 중생하는 순간임을 발견하게 됩니다. 내 마음 속으로 영접한 주님이 내 마음 속에 계속 영의 몸으로 실제로 임재하심을 믿고 내 안에 계신 주님을 바라보면서 친밀한 대화와 기도와 말씀 되새김과 찬양으로 주님과 계속 교제를 해야 합니다.

믿음의 시작은 예수님을 맘속에 영접하는 것입니다. 마치 비행기나 자동차에 엔진과 기름이 없다면 그 힘을 발휘할 수 없듯이 우리 안에 생명과 능력의 근원이 되는 주님이 안 계시다면 우리도 믿음의 역사가 안 일어난다는 것을 알아야 합니다.

반드시 주님이 내 안에 영의 몸으로 실제 계신 것을 믿어야 주님의 마음이, 능력이, 성품이, 생각이, 뜻이 나타나게 되는 것은 자명한 이치입니다.

내 중심의 자리에 주님이 앉아계시도록 자리를 마련해드리고 주님께서 나를 운전하시도록 맡겨드려야 합니다. 그래야 주님의 뜻대로 따라가고 순종이 되어 지고 주님께 영광이 되어 지는 것입니다. 내가 주님 안에 주님이 내 안에 있는 상태인 것입니다. 그러나 주님을 믿는다고 하면서 내 뜻대로 나를 운전 한다면 주님을 중심에 모신 것도 아니며 주님을 믿는 것도 아니며 주님께 맡긴 것도 아닌 것입니다 주님을 내 중심에 모셨으면 주님과 친밀한 교제가 나타나게 되어있습니다. 서로 주고받는 대화나 감사의 인사나 찬양의 표현이 자주 있어야 되는 것입니다.

전능하신 주님이 내 안에서 나와 함께 있다고 믿어진다면 두려움이나 불안감은 일체 없을 것이며 생명력, 축귀, 치유, 기적과 표적, 능력 행함 각종의 은사와 열매와 주님의 성품이 그대로 나타날 것입니다. 이 임재 믿음을 갖기 위해서 말씀을 묵상하고 그 말씀 그대로 믿어지도록 기도와 훈련이 필요한 것입니다.

믿음을 정의한다면 믿음의 대상인 주님을 영접하는 것이요, 그분을 전적으로 신뢰하는 것이요 그분의 능력과 하신 일과 하실 일을 인정하는 것이요, 그분을 사랑하는 것이요, 그 분의 말씀에 전적으로 순종하는 것이요, 그 분과 연합하여서 하나가 되는 것이요, 그분과 동거동행 하는 것이요, 그 분의 뜻을 이루어 드리는 것이요, 그 분과 늘 친밀한 교제를 하는 것이요, 그 분을 예배하고 찬양하고 쉬지 않고 기도하는 것이요, 그 분과 함께 영생을 누리는 삶이 라고 말할 수 있습니다.

내주 임재확신은 주님과 동거동행의 믿음이 성숙한 단계로 성장하게 하는 힘이 됩니다. 이때 주님의 구체적인 속성과 능력이 내 안에서 역사하심으로 회개부터 순종까지 순조롭게 이어갈 수 있는 원동력이 되며 승리하게 하는 초석이 됩니다.

내주 임재 신앙은 죄를 멀리하게 하고, 세상을 이기고, 말씀대로 순종하게 하는 원동력입니다. 믿음이란 주님영접, 주님임재, 주님 동거동행, 주님사랑, 순종 그 자체입니다.

내주 임재 신앙은 세상 권세에 대한 두려움이 사라지고 치유와 기적과 권능을 행하게 하는 원동력이며 마귀와 귀신의 세력을 대적하여 승리하게 하는 능력이 됩니다. 내주 임재신앙은 예수님의 인격을 닮게 하는 옥토신자로 만드는 능력이 됩니다. 이 훈련은 영적전투 훈련이므로 평생 동안 해야 합니다.

"나를 사랑하시고 구원하신 주님께서 내 중심에 계십니다."라고 매일 수시로 고백하고 선포합니다. 그리고 내 안에 계신 주님께 "사랑합니다. 감사합니다."라고 다정하게 고백합니다. 알고 싶은 것이나 궁금한 것을 주님께 묻고 싶을 때 내 안에 계신 주님께 기도로 대화해 보세요. 그리하면 주님이 응답해 주십니다.

♥ 자기성찰 & 메모

제2단계 성부·성자·성령님에 대한 영접과 임재확신 요약 되새김 훈련

찬송 286~289, 370

1. 창조자이시며 전지전능하신 주님을 내 안에 영접하였으므로 나와 동거동행하심을 믿고 진심으로 감사합니다.
2. 구원해주시고 복주시고 도우시고 치료하시고 영생주시는 주님이 내 안에 들어와 계심을 믿고 진심으로 감사합니다.
3. 어둠의 세력을 멸하는 빛이신 주님이 내 안에 계심을 믿고 진심으로 감사합니다.
4. 생명이요 길이요 진리이신 예수님이 내 중심에 들어와 계심을 믿고 진심으로 감사합니다.
5. 만왕의 왕, 만주의 주인이신 예수님이 내 중심에 들어와 계심을 믿고 진심으로 감사합니다.
6. 십자가 보혈의 은혜로 죄악과 질병과 가난과 저주를 대속하신 예수님이 내 안에 들어와 계심을 믿고 진심으로 감사합니다.

♥ 자기성찰 & 메모

7. 마귀 권세와 사망 권세 이기시고 부활하신 예수님이 내 안에 들어와 계심을 믿고 진심으로 감사합니다.

8. 은사 주시고 권능 주시고 열매 맺게 하시는 성령님이 내 안에 들어와 계심을 믿고 진심으로 감사합니다.

9. 성령이 내 안에 계심으로 내 몸은 주님의 성전이요, 주님의 지체요, 의의병기요, 하나님의 동역자 되게 하심을 믿고 진심으로 감사합니다.

10. 모든 것을 가르치시고 생각나게 하시고 내 안에 계셔서 장래 일을 알려주시고 계명을 지키게 하시고 범죄 하지 않게 하시고 서로 사랑하게 하시고 능치 못함이 없게 해주시니 진심으로 감사합니다.

♥ 자기성찰&메모

제2단계 영접, 임재 확신에 대한 되새김 성경구절

☆중요한 구절은 암송합니다.

☆말씀에 대한 믿음과 순종이 부족하였음을 회개하면서 묵상합니다.

1. 요 1:12 영접하는 자 곧 그 이름을 믿는 자들에게는 하나님의 자녀가 되는 권세를 주셨으니
2. 계 3:20 볼지어다 내가 문밖에 서서 두드리노니 누구든지 내 음성을 듣고 문을 열면 내가 그에게로 들어가 그로 더불어 먹고 그는 나로 더불어 먹으리라
3. 마 1:23 그의 이름은 임마누엘이라 하리라 하셨으니 이를 번역한 즉 하나님이 우리와 함께 계시다 함이라
4. 마 28:20 내가 너희에게 분부한 모든 것을 가르쳐 지키게 하라 볼지어다 내가 세상 끝 날까지 너희와 항상 함께 있으리라 하시니라
5. 요 6:56 내 살을 먹고 내 피를 마시는 자는 내 안에 거하고 나도 그 안에 거하나니

♥ 자기성찰&메모

6. 요 14:20 그 날에는 내가 아버지 안에, 너희가 내 안에 내가 너희 안에 있는 것을 너희가 알리라
7. 요 15:4 내 안에 거하라 나도 너희 안에 거하리라
8. 요 15:5 나는 포도나무요 너희는 가지니 저가 내 안에, 내가 저 안에 있으면 이 사람은 과실을 많이 맺나니
9. 요 15:6 사람이 내 안에 거하지 아니하면 가지처럼 밖에 버리워 말라지나니 사람들이 이것을 모아다가 불에 던져 사르느니라
10. 요 15:7 너희가 내 안에 거하고 내 말이 너희 안에 거하면 무엇이든지 원하는 대로 구하라 그리하면 이루리라
11. 요 17:21 아버지께서 내 안에 내가 아버지 안에 있는 것 같이 저희도 다 하나가 되어 우리 안에 있게 하사 세상으로 아버지께서 나를 보내신 것을 믿게 하옵소서
12. 요 17:23 내가 저희 안에, 아버지께서 내 안에 계셔 저희로 온전함을 이루어 하나가 되게 하려 함은 아버지께서 나를 보내신 것과 또 나를 사랑하심 같이 저희도 사랑하신 것을 세상으로 알게 하려 함이로소이다

♥ 자기성찰&메모

13. **요 17:26** 나를 사랑하신 사랑이 저희 안에 있고 나도 저희 안에 있게 하려 함이니이다
14. **롬 8:2** 이는 그리스도 예수 안에 있는 생명의 성령의 법이 죄와 사망의 법에서 너를 해방하였음이라
15. **롬 8:9** 만일 너희 속에 하나님의 영이 거하시면 너희가 육신에 있지 아니하고 영에 있나니 누구든지 그리스도의 영이 없으면 그리스도의 사람이 아니니라
16. **롬 8:10** 그리스도께서 너희 안에 계시면 몸은 죄로 인하여 죽은 것이나 영은 의를 인하여 산 것이니라
17. **롬 8:15** 너희는 다시 무서워하는 종의 영을 받지 아니하였고 양자의 영을 받았으므로 아바 아버지라 부르짖느니라
18. **고전 3:9** 우리는 하나님의 동역자들이요 너희는 하나님의 밭이요 하나님의 집이니라
19. **고전 3:16** 너희는 너희가 하나님의 성전인 것과 하나님의 성령이 너희 안에 계시는 것을 알지 못하느냐

♥ 자기성찰&메모

20. **고전 6:19** 너희 몸은 너희가 하나님께로부터 받은바 너희 가운데 계신 성령의 전인 줄을 알지 못하느냐 너희는 너희의 것이 아니라
21. **고후 5:17** 그런즉 누구든지 그리스도 안에 있으면 새로운 피조물이라 이전 것은 지나갔으니 보라 새것이 되었도다
22. **고후 13:5** 그리스도께서 너희 안에 계신 줄 너희가 스스로 알지 못하느냐 그렇지 않으면 너희가 버리운 자니라
23. **엡 3:6** 이방인들이 복음으로 말미암아 그리스도 예수 안에서 함께 후사가 되고 함께 지체가 되고 함께 약속에 참예하는 자가 됨이라
24. **엡 5:30** 우리는 그 몸의 지체임이니라
25. **딤후 1:14** 우리 안에 거하시는 성령으로 말미암아 네게 부탁한 아름다운 것을 지키라
26. **벧전 1:11** 자기 속에 계신 그리스도의 영이 그 받으실 고난과 후에 얻으실 영광을 미리 증언하여 누구를 또는 어떠한 때를 지시하시는지 상고하니라

♥ 자기성찰&메모

27. 요일 2:6 저 안에 거한다 하는 자는 그의 행하시는 대로 자기도 행할지니라
28. 요일 2:24 너희는 처음부터 들은 것을 너희 안에 거하게 하라 처음부터 들은 것이 너희 안에 거하면 너희가 아들의 안과 아버지의 안에 거하리라
29. 요일 2:28 자녀들아 이제 그 안에 거하라 이는 주께 나타내신 바 되면 그의 강림하실 때에 우리로 담대함을 얻어 그 앞에서 부끄럽지 않게 하려 함이라
30. 요일 3:6 그 안에 거하는 자마다 범죄하지 아니하나니
31. 요일 3:24 그의 계명들을 지키는 자는 주 안에 거하고 주는 저 안에 거하시나니 우리에게 주신 성령으로 말미암아 그가 우리 안에 거하시는 줄을 우리가 아느니라
32. 요일 4:12~13 어느 때나 하나님을 본 사람이 없으되 만일 우리가 서로 사랑하면 하나님이 우리 안에 거하시고 그의 사랑이 우리 안에 온전히 이루어지느니라 그의 성령을 우리에게 주심으로 우리가 그 안에 거하고 그가 우리 안에 거하시는 줄을 아느니라

♥ 자기성찰&메모

33. 요일 4:15 누구든지 예수를 하나님의 아들이라 시인하면 하나님이 저 안에 거하시고 저도 하나님 안에 거하느니라
34. 요일 4:16 하나님은 사랑이시라 사랑 안에 거하는 자는 하나님 안에 거하고 하나님도 그 안에 거하시느니라

★ 자기성찰 & 메모

제2단계 성부 · 성자 · 성령님의 임재 확신에 대한 감사 기도

† 예수님을 마음에 영접하는 자 곧 예수님을 믿는 자에게 하나님의 자녀가 되는 권세를 주셨으므로 감사와 찬송을 드립니다.(요 1:12)

† 문 밖에서 주님의 음성이 들릴 때 내 마음 문을 열면 내 마음 속으로 주님이 들어오셔서 나와 더불어 먹어주시니 감사와 찬송을 드립니다.(계 3:20)

† 그 날에는 예수님이 하나님 안에 계시고 내가 예수님 안에 있으며 예수님이 내 안에 계신 것을 알게 해주시니 감사와 찬송을 드립니다.(요 14:20)

† 예수님이 내 안에 계신 것을 모르고 있으면 버리운 자가 되고 예수님이 내 안에 계신 것을 확증하면 믿음이 있는 것이라고 말씀하시니 감사와 찬송을 드립니다.(고후 13:5)

† 내 안에 하나님의 성령이 계심으로 내 몸이 하나님의 성전이라고 말씀하시니 감사와 찬송을 드립니다.(고전 3:16)

† 내 속에 하나님의 영이 계시고 또한 그리스도의 영이 계심으로 그리스도의 사람이 되게 하시니 감사와 찬송을 드립니다.(롬 8:9)

† 그리스도께서 내 마음 속에 계심으로 몸은 죄로 인하여 죽고 영은 의로 인하여 살게 해주시니 감사와 찬송을 드립니다.

† 내가 그리스도 안에 있음으로 새로운 피조물이 되게 하셨고 범죄 하지 않게 하시고 계명을 지키게 하시니 감사와 찬송을 드

립니다.
† 내가 예수를 하나님의 아들이라 시인함으로 하나님과 동거하게 하시고 사랑 안에 동거하는 자가 되게 해주시니 감사와 찬송을 드립니다.
† 천지만물의 창조자이시며 전지전능하신 주님(성부 성자 성령)이 내 안에 들어오셔서 동거 동행하여 주시오니 감사와 찬송을 드립니다.
† 나를 구원해주시고 생사화복을 주관하시고 도우시고 굳세게 하시고 은혜와 사랑을 한량없이 베푸시는 주님이 내 안에 계시오니 감사와 찬송을 드립니다.
† 나의 반석이시요 요새이시요 피난처와 산성이시요 방패와 보호자시요 목자이신 주님이 내 안에 계시오니 감사와 찬송을 드립니다.
† 만왕의 왕이시오 만주의 주이신 주님의 영이 내 안에 계셔서 내 몸을 성전삼아 주시오니 감사와 찬송을 드립니다.
† 나의 길이요 진리요 생명이요 빛이신 예수님이 내 안에 계시오니 감사와 찬송을 드립니다.
† 예수님을 믿음으로 거듭나게 하시고 하나님의 자녀가 되게 하시고 영생과 천국시민권을 주신 주님이 내 안에 계시오니 감사와 찬송을 드립니다.
† 십자가 보혈의 능력으로 내 몸의 질병과 죄악과 가난과 저주를 대속해주신 예수님이 내 안에 계시오니 감사와 찬송을 드립니다.
† 각양의 은사와 권능과 선한 열매를 맺게 하시는 성령님이 내

안에 들어와 계시오니 감사와 찬송을 드립니다.
† 살아있는 말씀, 진리와 생명의 말씀, 영혼과 관절과 골수를 찔러 쪼개는 말씀, 마음과 생각과 뜻을 판단하는 말씀, 빛과 등불이 되는 말씀, 영혼의 양식이 되는 말씀이 내 안에 있사오니 감사와 찬송을 드립니다.
† 어느 때나 하나님을 본 사람이 없으되 우리가 서로 사랑하면 하나님이 우리 안에 거하시고 그의 사랑이 우리 안에 온전히 이루어지게 하시니 감사와 찬송을 드립니다.

"신자는 하나님이 자신을 위하신다는
확신을 가질 때 영적 능력을 얻는다"
- 브라이언 채플

미국의 한 지역에 유명한 신학자가 있었습니다.
그 신학자가 살고 있는 지역에 몇 달째
비가 오지 않아 매우 가물어 있었기 때문에
신학자는 비를 놓고 매일같이 기도 했습니다.
하루는 온 가족이 식사를 할 때에도 기도를 했습니다.
″주님 현재 이 지역에 비가 오지 않아
많은 사람들이 고생을 하고 있었습니다.
속히 비를 내려 주시옵소서.″
그리고 아침식사를 마치고
신학자는 아들을 학교에 데려다 주려고 함께 집을 나섰습니다.
그런데 아들이 손에 우산을 들고 있었습니다.
신학자는 날이 맑은데 어째서 우산을 들고 나왔냐고 물었습니다.
″아빠가 아까 비를 내려 달라고 기도하지 않았어요.″
신학자는 아들의 말에 크게 깨달았습니다.
믿음도 없이 습관적으로 기도를 한 자신의 모습을 깨닫고는
부끄러워 고개를 들지도 못했습니다.
그리고 아들을 학교로 보낸 뒤
이제는 정말로 믿음을 갖고 기도하기 시작했습니다.
그 지역에는 머지않아 많은 비가 내려와 가뭄을 해소하게 되었습니다.

제3계 ✝ 자기죽음 확신훈련 방법

찬송 407,143~158,159~173

※ 먼저 제2단계 임재 확신 요약 되새김 항목들을 읽은 후에 시작합니다. 이 요약 되새김훈련과 관련성구를 5번 이상 되새김하면서 말씀에 대한 믿음을 가져야 합니다.

　자기 죽음에 대한 확신은 이미 십자가 보혈의 은혜를 믿음으로 다 이루어진 것입니다. 그럼에도 불구하고 우리에게는 아직도 죄악 된 자아가 몸 안에 남아 있음을 경험하고 있습니다.
　그러므로 나의 옛사람의 죄성이 십자가에서 예수님과 함께 죽어졌다고 하신 말씀을 믿고 되새김함으로서 이제는 내가 죄의 종이 아니고 그리스도의 종, 의의 종, 사랑의 종이 되게 하는 훈련 입니다.(롬6:1~14, 갈2:20, 5:24)
　자기 죽음에 대한 되새김훈련은 회개 묵상과 보혈 묵상과 밀접한 불가분의 관계가 있으므로 내 죄성이 죽지 않으면 성령충만과

♥ 자기성찰&메모

예수성품 만들기와 말씀 순종이 어렵게 됩니다.

나의 죄성이 죽지 않으면 내 속에서 그리스도가 주인 행세를 못하게 됨으로 내 안에 예수님이 주인으로 살아계시게 하려면 반드시 나의 옛사람이 죽어 있어야 되는 것입니다.(갈 2:20, 5:24) 나의 인격에서 어떤 죄성이 일시적으로 죽었다가 다시 싹이 돋아 날 때에는 회개와 보혈훈련 십자가에서 죽었음을 믿고 선포해야합니다. 주님을 따르려면 자기를 부인하고 자기 십자가를 지고 따르라고 하셨습니다. 내가 죽어야 내 안에서 주님이 사십니다.

이 3단계 자기죽음 확신훈련이 열 가지 되새김훈련 중에서 가장 힘든 능선이므로 이곳을 통과해야 성령충만, 예수성품, 말씀순종 되새김 훈련을 쉽게 할 수 있습니다.

이 훈련은 영적전투훈련이므로 일회성이 아니고 평생 동안 날마다 계속해야 합니다.

구약시대의 성막 문에 들어가면 첫 번째로 번제단이 있습니다. 번제단은 제물로 드린 짐승을 태우는 동안 제사장이 그 위에 서 있는 곳이라고 합니다.

♥ 자기성찰&메모

신약시대는 예수님께서 우리의 죄악을 대신해서 직접 제물이 되셔서 십자가에서 죽으셨기 때문에 성막 안에 있는 번제단은 예수님의 십자가를 상징한다고 볼 수 있습니다.

예수님은 세상 죄를 지고 가신 하나님의 어린양이셨으며 단번에 드린 화목 제물이 되셨습니다. 예수님은 십자가에서 우리의 모든 죄와 모든 질병과 가난과 저주를 짊어지고 가셨기 때문에 우리도 십자가에서 예수님과 함께 죽었다는 사실을 믿고 고백해야 합니다. 사도 바울처럼 우리도 날마다 죽노라 고백하면서 살아야 우리 안에서 예수 그리스도가 살아계셔서 역사하시는 것입니다.

자신의 유전적인 죄성이 죽어질 때까지 반복적으로 집중해서 몇 시간씩이라도 훈련해야 합니다.

♥ 자기성찰&메모

제3단계 자기죽음 확신에 대한 요약 되새김 훈련

※ 먼저 제2단계 요약 되새김 훈련을 간단히 한 후에 3단계 훈련을 시작합니다.
매일 주야로 수시로 반복적으로 믿음을 갖고 선포합니다.

1. 나는 날마다(오늘도) 죽노라.(고전 15:31)
2. 나는, 나의 죄성은, 나의 옛사람은, 그리스도와 함께 십자가에 못 박혀 죽었도다.(롬 6:2~4,6,8,11, 갈2:20, 딤후2:11, 고후5:14, 골 2:12)
3. 나의 육체와 함께 정욕과 탐심과 땅에 있는 지체는 십자가에 못 박혀 죽었도다.(갈5:24,골3:3,5, 마16:24, 막9:34, 눅9:23)
4. 내게 있는 안목의 정욕, 육체의 정욕, 이생의 자랑도 십자가에서 죽었도다.(요일2:16)
5. 조상 때부터 대물림된 죄성들 곧 육체의 소욕(음행, 더러운 것, 호색, 우상숭배(탐심), 조상제사, 사주, 토정비결, 손금, 점, 이사날짜, 무당, 굿, 제사음식을 만든 것(먹은 것), 주술, 원수 맺

♥ 자기성찰&메모

음, 분쟁, 시기, 분냄, 당 짓는 것, 분열, 이단, 투기, 술 취함, 방탕(갈5:19~21)등 이 모든 죄성은 십자가에서 예수님과 함께 죽었도다.(15가지)

- 내게 있는 자기자랑, 이기심, 돈사랑, 교만, 비방, 부모거역, 불평, 부정함, 모함, 사나움, 절제 못함, 배신, 조급함, 자만, 쾌락주의, 악의, 경건 능력 부인함(딤후3:1~5)등 이 모든 죄성은 십자가에서 예수님과 함께 죽었도다.(19가지)
- 모든 불의, 추악, 탐욕, 악의, 시기, 살인, 미움, 분쟁, 사기, 악독, 수군수군, 비방, 능욕, 교만, 자랑, 악을 도모함, 우매, 배약함, 무정함, 무자비한 죄성(롬 1:29~31)은 십자가에서 예수님과 함께 죽었도다.(21가지)

6. 하나님께로부터 난자마다 죄를 짓지 않게 해 주셔서 감사합니다.(요일3:6,3:9,5:18)

♥ 자기성찰&메모

나쁜성격(죄성)을 고치는(죽이는)훈련방법(매일수시로)

- 나는 예수님을 영접하였고 내 안에 예수님이 계시고 내 몸은 성령을 모시고 있는 하나님의 성전되게 하심을 감사합니다. 믿음과 성령을 충만케 하옵소서.
- 예수님은 내 영혼육과 인격과 언행심사에 십자가 보혈을 부어 주셔서 나의 죄악과 질병과 가난과 저주와 마귀의 세력을 멸하여 주신 것을 감사합니다.
- 나의 옛사람은 십자가에서 예수와 함께 죽었도다.
- 하나님께 대한 불신앙과 불순종의 죄성은 예수와 함께 죽었도다.
- 하나님 사랑과 이웃사랑을 못하게 하는 죄성은 예수와 함께 죽었도다.
- 성령을 따라 살지 못하게 하는 육체의 소욕들은 예수와 함께 죽었도다.
- 용서와 회개를 못하게 하는 죄성은 예수와 함께 죽었도다.
- 대물림된 교만, 자만, 거만한 죄성은 예수와 함께 죽었도다.
- 대물림된 음란, 호색, 음행, 간음하는 죄성은 예수와 함께 죽었도다.
- 도적질, 사기, 거짓말하는 죄성은 예수와 함께 죽었도다.
- 시기, 질투하는 죄성은 예수와 함께 죽었도다.
- 원망, 불평, 불만, 비난하는 죄성은 예수와 함께 죽었도다.
- 미움과 살인과 원수 맺는 죄성은 예수와 함께 죽었도다.
- 우상숭배, 조상숭배, 풍수지리를 숭배하는 죄성은 예수와 함께

죽었도다.
- 주술, 마술, 운명철학 숭배의 죄성은 예수와 함께 죽었도다.
- 분노, 혈기의 죄성은 예수와 함께 죽었도다.
- 분쟁, 분열, 이단의 죄성은 예수와 함께 죽었도다.
- 방탕, 술취함, 흡연, 마약, 도박하는 죄성은 예수와 함께 죽었도다.
- 인내와 절제를 못하게 하는 조급한 죄성은 예수와 함께 죽었도다.
- 불의, 추악, 악의, 악독한 죄성은 예수와 함께 죽었도다.
- 배신, 배약, 모함, 저주하는 죄성은 예수와 함께 죽었도다.
- 무자비함, 사나운 죄성은 예수와 함께 죽었도다.
- 이기적 사랑의 죄성은 예수와 함께 죽었도다.
- 욕심, 탐심, 탐욕의 죄성은 예수와 함께 죽었도다.
- 하나님보다 육체와 세상적 쾌락을 더 좋아하는 죄성은 예수와 함께 죽었도다.
- 돈, 권세, 명예, 재물사랑의 죄성은 예수와 함께 죽었도다.
- 불효하고 부모 거역하는 죄성은 예수와 함께 죽었도다.
- 남편, 아내, 가족을 내 몸처럼 사랑하지 못하는 죄성은 예수와 함께 죽었도다.
- 안목의 정욕, 육체의 정욕, 이생의 자랑의 죄성은 예수와 함께 죽었도다.
- 범사에 감사하지 못하게 하는 죄성은 예수와 함께 죽었도다.

- 항상 기뻐하지 못하게 하는 죄성은 예수와 함께 죽었도다.
- 기도, 찬양을 쉬게 하는 죄성은 예수와 함께 죽었도다.
- 성경말씀을 묵상하지 못하게 하는 악한 죄성은 예수와 함께 죽었도다.
- 이웃영혼을 전도하지 못하게 하는 죄성은 예수와 함께 죽었도다.
- 영육간의 게으름과 우매한 죄성은 예수와 함께 죽었도다.
- 나를 죄와 사망에서 해방시켜 주신 은혜를 감사 찬양합니다.

♥ 자기성찰 & 메모

제3단계 자기 죽음에 대한 되새김 성경구절

☆중요한 구절은 암송합니다.

☆말씀에 대한 믿음과 순종이 부족했던 부분을 회개하면서 묵상합니다.

1. 나는 날마다(오늘도) 죽노라.
- 고전 15:31 형제들아 내가 그리스도 예수 우리 주 안에서 가진 바 너희에 대한 나의 자랑을 두고 단언하노니 나는 날마다 죽노라

2. 나는, 나의 죄성은, 나의 옛사람은, 그리스도와 함께 십자가에 못 박혀 죽었도다.
- 롬 6:8 만일 우리가 그리스도와 함께 죽었으면 또한 그와 함께 살줄을 믿노니
- 갈 2:20 내가 그리스도와 함께 십자가에 못 박혔나니 그런즉 이제는 내가 사는 것이 아니요 오직 내 안에 그리스도께서 사

♥ 자기성찰&메모

시는 것이라 이제 내가 육체 가운데 사는 것은 나를 사랑하사 나를 위하여 자기 자신을 버리신 하나님의 아들을 믿는 믿음 안에서 사는 것이라
- 딤후 2:11 우리가 주와 함께 죽었으면 또한 함께 살 것이요
- 고후 5:14 한 사람이 모든 사람을 대신하여 죽었은즉 모든 사람이 죽은 것이라
- 롬 6:2~4 그럴 수 없느니라 죄에 대하여 죽은 우리가 어찌 그 가운데 더 살리요 무릇 그리스도 예수와 합하여 세례를 받은 우리는 그의 죽으심과 합하여 세례를 받은 줄을 알지 못하느냐 그러므로 우리가 그의 죽으심과 합하여 세례를 받음으로 그와 함께 장사되었나니 이는 아버지의 영광으로 말미암아 그리스도를 죽은 자 가운데서 살리심과 같이 우리로 또한 새 생명 가운데서 행하게 하려 함이라
- 롬 6:6 우리가 알거니와 우리의 옛 사람이 예수와 함께 십자가에 못 박힌 것은 죄의 몸이 죽어 다시는 우리가 죄에게 종노릇 하지 아니하려 함이니

♥ 자기성찰&메모

- 롬 6:11 이와 같이 너희도 너희 자신을 죄에 대하여는 죽은 자요 그리스도 예수 안에서 하나님께 대하여는 살아 있는 자로 여길지어다

3. 나의 육체와 함께 정욕과 탐심과 땅에 있는 지체는 십자가에 못 박혀 죽었도다
- 갈 5:24 그리스도 예수의 사람들은 육체와 함께 그 정욕과 탐심을 십자가에 못 박았느니라
- 골 3:3 이는 너희가 죽었고 너희 생명이 그리스도와 함께 하나님 안에 감추어졌음이라
- 골 3:5 땅에 있는 지체를 죽이라 곧 음란과 부정과 사욕과 악한 정욕과 탐심이니 탐심은 우상숭배니라
- 마 16:24 이에 예수께서 제자들에게 이르시되 누구든지 나를 따라오려거든 자기를 부인하고 자기 십자가를 지고 나를 따를 것이니라
- 눅 9:23 또 무리에게 이르시되 아무든지 나를 따라오려거든 자기를 부인하고 날마다 제 십자가를 지고 나를 따를 것이니라

♥ 자기성찰 & 메모

4. 내게 있는 안목의 정욕, 육체의 정욕, 이생의 자랑도 십자가에서 죽었도다.
- 요일 2:16 이는 세상에 있는 모든 것이 육신의 정욕과 안목의 정욕과 이생의 자랑이니 다 아버지께로부터 온 것이 아니요 세상으로부터 온 것이라

5. 조상 때부터 대물림된 죄성들은 십자가에서 예수와 함께 죽었도다.
- 갈 5:19~21 육체의 일은 분명하니 곧 음행과 더러운 것과 호색과 우상 숭배와 주술과 원수 맺는 것과 분쟁과 시기와 분냄과 당 짓는 것과 분열함과 이단과 투기와 술 취함과 방탕함과 또 그와 같은 것들이라 전에 너희에게 경계한 것 같이 경계하노니 이런 일을 하는 자들은 하나님의 나라를 유업으로 받지 못할 것이요
- 딤후 3:1~5 너는 이것을 알라 말세에 고통하는 때가 이르러 사람들이 자기를 사랑하며 돈을 사랑하며 자랑하며 교만하며 비

♥ 자기성찰&메모

방하며 부모를 거역하며 감사하지 아니하며 거룩하지 아니하며 무정하며 원통함을 풀지 아니하며 모함하며 절제하지 못하며 사나우며 선한 것을 좋아하지 아니하며 배신하며 조급하며 자만하며 쾌락을 사랑하기를 하나님 사랑하는 것보다 더하며 경건의 모양은 있으나 경건의 능력은 부인하니 이 같은 자들에게서 네가 돌아서라

- 롬 1:29~31 곧 모든 불의, 추악, 탐욕, 악의가 가득한 자요 시기, 살인, 분쟁, 사기, 악독이 가득한 자요 수군수군하는 자요, 비방하는 자요, 하나님께서 미워하시는 자요, 능욕하는 자요, 교만한 자요, 자랑하는 자요, 악을 도모하는 자요, 부모를 거역하는 자요, 우매한 자요, 배약하는 자요, 무정한 자요, 무자비한 자라

♥ 자기성찰 & 메모

6. 하나님께로부터 난자마다 죄를 짓지 않게 해 주셔서 참 감사합니다.
- 요일 3:6 그 안에 거하는 자마다 범죄 하지 아니하나니 범죄 하는 자마다 그를 보지도 못하였고 그를 알지도 못 하였느니라
- 요일 3:9 하나님께로부터 난 자마다 죄를 짓지 아니하나니 이는 하나님의 씨가 그의 속에 거함이요 그도 범죄 하지 못하는 것은 하나님께로부터 났음이라
- 요일 5:18 하나님께로부터 난 자는 다 범죄 하지 아니하는 줄을 우리가 아노라 하나님께로부터 나신 자가 그를 지키시매 악한 자가 그를 만지지도 못 하느니라

★ 자기성찰 & 메모

제3단계 자기 죽음에 대한 감사 기도

† 나의 옛사람이 날마다 예수님과 함께 십자가에서 죽게 하셨고 새 사람 되게 하셨으니 감사와 찬송을 드립니다.
† 나의 모든 죄와 허물을 예수님과 함께 십자가에서 죽게 하셨으니 감사와 찬송을 드립니다.
† 내 몸에 있는 안목의 정욕과 육체의 정욕과 탐심을 예수님과 함께 십자가에서 죽게 하셨으니 감사와 찬송을 드립니다.
† 저희 자신을 죄에 대하여 죽은 자로 만드시고 그리스도 예수 안에서 하나님께 대하여는 살아있는 자로 믿게 해주시니 감사와 찬송을 드립니다.
† 나의 모든 죄성과 질병과 가난과 저주를 예수님이 대속하셔서 죽게 하셨고, 평강과 부요하심으로 채워주시니 감사와 찬송을 드립니다.
† 조상 때부터 대물림된 우상 숭배와 조상 숭배와 사주팔자 운명론 숭배와 풍수지리 숭배와 점술사상에 빠졌던 죄를 십자가에서 예수님과 함께 죽게 하셨으니 감사와 찬송을 드립니다.
† 내가 그리스도와 함께 십자가에 못박혔으므로 오직 내 안에 그리스도께서 살게 하시니 감사와 찬송을 드립니다.
† 내가 예수님과 함께 십자가에 못박혔으므로 죄에게 종노릇하지 않고 의의 종이 되게 하셨으니 감사와 찬송을 드립니다.
† 내가 예수님의 죽으심과 합하여 세례를 받음으로 예수님과 함께 장사되었고 또한 그의 부활과 같은 모양으로 연합한 자가 되게 하시니 감사와 찬송을 드립니다.

† 내가 그리스도와 함께 죽었으면 또한 그와 함께 살줄을 믿게 하시니 감사와 찬송을 드립니다.
† 내 자신이 죄에 대하여는 죽은 자요 그리스도 예수 안에서 하나님께 대하여는 살아있는 자로 믿게 해주시니 감사와 찬송을 드립니다.

"새사람이 된다는 것은
우리가 '자기 자신'이라고 부르는 것을
잃어버린다는 의미입니다.
그의 뜻이 우리 뜻이 되어야 하며
그의 생각이 우리의 생각이 되어야 합니다.
성경의 표현대로 '그리스도의 마음을 품어야 하는 것입니다'"

- C. S. Lewis

88년 서울올림픽에서
세계인의 이목을 끈 여자 육상선수가 있었습니다.
그녀는 "세계에서 가장 빠른 여자"라고 불리는
그리피스 조이너입니다.
그녀가 금메달을 따내자
많은 기자들이 몰려 취재경쟁을 벌였습니다.
그 가운데 미NBC 방송의 한 기자가
"달리면서 어떤 생각을 합니까"라고 물었습니다.
그녀는 주저 하지 않고 대답했습니다.
"하나님께 영광 돌릴 것을 생각하며 달립니다.
최선을 다함으로 내 자신과의 싸움에서 이긴 후
하나님께 영광 돌릴 때만큼 인생의 보람을 느껴본 적은 없었습니다"

제4단계 ✝ 회개와 용서훈련 방법

찬송 143~158, 250~285

    먼저 요약 되새김훈련과 관련성구를 5번 이상 되새김하면서 말씀에 대한 믿음을 갖도록 훈련합니다. 관련 성구에는 죄목이 없는 성구 즉, ~하라고 말씀하신 성구도 많이 수록하였는데 이는 불순종한 것을 깨닫게 하기 위한 것입니다.
나는 모태에서부터 죄인으로 태어났으며 자범죄가 있는 죄인임을 인정하고 시인해야 합니다.
    죄는 하나님께서 순종하라고 명령하신 말씀을 불순종 한 것이며, 하지 말라고 명령하신 말씀을 행한 것입니다. 내 죄를 회개하고 용서받고 다른 사람의 죄를 용서해주는 것은 믿음과 함께 구원에 이르는 첫 관문입니다. 내 안에 계신 성령께서 말씀에 비추어 지은 죄를 생각나게 하시고 자백하도록 인도해주신다. 회개의 열매를 맺도록 순종해야 합니다.
    죄는 하나님과 모든 교제의 통로를 방해하고 가로막습니다. 기

♥ 자기성찰&메모

도와 순종과 기쁨과 평화와 사랑의 교제와 예배 등을 방해합니다. 마귀로 하여금 손뼉 치게 만드는 것이 죄입니다.

죄는 하나님께 대한 불신앙인 것과 다른 사람에 대하여 잘못하는 것과 자신에 대하여 불법을 행하는 것들입니다. 죄는 몸과 언행심사와 감정이 총동원되어서 지정의와 육체를 악의 도구로 사용되게 합니다. 이 죄는 하나님의 말씀에 대한 불순종임으로 하나님께 자백해야 되는 것이며, 하나님께로부터 용서를 받아야 되는 것입니다.

타인에게 잘못한 것은 타인에게도 용서를 구하고 화목을 회복해야 합니다.

죄인에게 회개와 용서는 한량없는 하나님의 은혜입니다. 회개와 용서가 없는 세상은 지옥일 뿐입니다. 곡식은 농부가 정성껏 가꾸어야 열매를 맺게 되고 잡초는 가꾸지 않아도 잘 자라는 것처럼 의와 사랑의 인격은 정성이 있어야 열매를 맺으며 죄성의 인격은 가꾸지 않아도 잘 자라납니다.

죄는 사람을 저주와 사망에 이르게 하며, 사람에게서 사랑과 기쁨

♥ 자기성찰&메모

과 평강과 감사와 행복과 영생과 구원을 빼앗아갑니다.

　죄는 영혼육을 병들게 하고 생명을 죽이는 독성이 있는 독약입니다. 우리가 어떤 그릇을 사용하고자 할 때 그 그릇을 깨끗하게 씻어서 사용하듯이 우리의 몸과 마음이라는 그릇도 늘 깨끗하게 씻어야 주님이 사용하실 수 있는 것입니다.
죄로 중독되었고, 더럽혀진 영혼육을 깨끗케 해독시키는 방법이 회개와 용서입니다.

　믿음과 회개는 불가분의 관계이며 천국에 들어가는 지름길입니다. 마귀의 세력을 제일 빨리 도망가게 하는 무기입니다.

　회개의 문을 통과해야 성령충만과 순종의 단계로 들어갈 수 있습니다.

　특히 선천적인 죄악된 기질과 후천적인 자범죄와 관계된 죄성을 발견하고 회개해야 되며 보혈의 권세를 통해서 죄성들을 예수님의 이름으로 잘라 버려야 합니다.

　죄는 구체적으로 육하원칙에 따라서 애통하는 맘으로 개별적으로 회개해야 합니다. 어두운 심사 언행, 분노, 원망, 불평, 흉보기

♥ 자기성찰&메모

등 50여 가지 죄성을 따라서 행한 것들을 구체적으로 개별적으로 회개합니다. 주님의 기준은 우리에게 100%의 온전한 순종을 원하십니다. 그러나 우리는 모든 것에 부족한 죄인입니다. 그러므로 100%에 미달된 부분 즉. 빛의 열매와 성령의 열매가 부족한 부분 그리고 긍정적인 계명, 즉 ~하라고 하신 말씀에 불순종한 부분까지 자백합니다. 직분자는 직분에 합당한 열매가 부족한 부분을 회개합니다. 결국은 "안심하라. 네 죄사함을 받았느니라."라는 주님의 은혜가 임합니다.

이 훈련은 영적전투훈련이므로 평생 동안 날마다 해야합니다.

♥ 자기성찰&메모

제4단계 회개와 용서에 대한 요약 되새김 훈련

※ 먼저 3단계 자기 죽음 확신 요약 되새김 훈련을 간단히 한 후에
4단계 훈련을 시작합니다.

1. 내가 안목의 정욕, 육체의 정욕, 이생의 자랑으로 행한 것을 회개합니다.(언제 어떻게 구체적으로) (요일2:16)
2. 내가 모든 불의, 추악, 탐욕, 악의, 시기, 살인, 분쟁, 사기, 악독, 수군수군, 비방, 능욕, 교만, 자랑, 악을 도모함, 우매, 배약함, 무정함, 무자비함(롬1:29~31) 음행, 더러운 것, 호색, 우상숭배(조상제사), 탐심, 주술, 원수맺음, 분쟁, 시기, 분냄, 당 짓는 것, 분열, 이단, 투기, 술 취함, 방탕함(갈5:19~21) 자기사랑, 이기심, 돈사랑, 명예탐심, 권력탐심, 교만, 자만, 미움, 비방, 부모거역, 불평, 부정함, 모함, 사나움, 절제 못함, 배신, 조급함, 쾌락주의, 악의, 경건능력을 부인한 것을 회개합니다.(언제 어떻게 구체적으로 합니다.) (딤후3:1~5)

♥ 자기성찰&메모

3. 내가 믿음과 천국소망과 사랑이 없는 것-부족한 것-적은 것-약한 것-행함이 없는 죽은 믿음을 회개합니다.(약2:17,26, 고전 13:13, 히 11:1,6) -구체적으로 합니다-
4. 내가 마음을 다하고 뜻을 다하고 목숨을 다하여 하나님을 사랑하지 못한 것, 불순종한 것을 회개합니다.(마22:37,38) - 구체적으로 합니다-
5. 내가 부모님께 거역, 불순종한 것, 섭섭하게 해드린 것, 효도하지 못한 것을 회개합니다.(언제 어떻게 구체적으로 합니다)(출 20:12, 신5:16,27:16, 눅18:20, 엡6:1)
6. 내가 아내와(남편)과 친척과 이웃과 가족을 내 몸처럼 사랑하지 못한 것, 용서와 이해가 부족한 것을 회개합니다.(언제 어떻게 구체적으로 합니다)

    (엡5:22~33, 골3:18~21, 마6:14~15, 마22:39, 딤전5:8)
7. 24시간 주일성수 못한 것, 진정한 예배 못 드린 것(지각, 집중하지 못함, 정성이 부족함), 십일조 못 드린 것, 헌금을 미리 준비하지 못한 것, 찬양과 기도가 부족한 것, 봉사와 헌신과 충성

♥ 자기성찰&메모

이 부족한 것을 회개합니다.(말3:8, 사58:13, 롬12:1) - 구체적으로 합니다 -

8. 내가 성령의 뜻대로 행하지 못하였고 성령충만 하지 못하였고 성령의 열매인 사랑,희락,화평,인내,자비,양선,온유,충성,절제가 부족한 것을 회개합니다.(갈5:16,22,23, 엡5:18)

9. 내가 심령가난, 애통, 온유, 의에 주림과 목마름, 긍휼, 청결, 화평, 핍박 중 기쁨이 부족한 것을 회개합니다.(마5:3~12)

10. 내가 항상 기쁨이 부족한 것과 항상 기도가 부족한 것, 범사에 감사가 부족한 것(살전5:12~18) 전도가 부족한 것을 회개합니다.(막16:15, 롬10:14,15, 행5:42)

11. 내게 몸에 있는 모든 죄를 이미 예수님께서 십자가 보혈의 은혜로 대속해주셔서 감사합니다.(롬6:10~11, 갈1:4, 요1:29)

12. 죄와 허물을 회개하게 하시고 용서하여 주시니 감사합니다.(마3:2, 4:17, 3:8, 눅3:8, 막1:15, 눅13:3, 15:7, 요일1:8~9, 행3:19)

♥ 자기성찰&메모

죄인의 고백기도 예문

1. 나는 하나님을 전지전능하신 분이시고 나와 함께 계시고 나에게 복의 근원이시고 보호하시고 도우시고 힘을 주시고 은혜와 사랑이 많으신 분이라고 믿는다고 고백은 하면서도 나의 언행 심사는 불순종하고 불안해하고 걱정하고 염려하며 생활하고 있는 믿음이 부족한 죄인입니다.

2. 예수님은 이 세상에 구주로 오셔서 내 모든 죄악과 내 모든 질병과 가난과 저주와 마귀의 세력을 멸하셨고 죽으셨다가 부활하셨고 다시 오신다고 하신 약속을 믿는다고 고백은 하면서도 생활 속에서는 여전히 감사와 찬양과 기쁨이 부족한 모습으로 고통을 짊어지고 사는 믿음이 부족한 죄인입니다.

3. 나는 하나님을 믿고 사랑한다고 고백하면서도 하나님의 말씀을 잘 지키지 못하고 사랑하지 못하는 죄인입니다.

4. 나는 육체의 욕심대로 세상적인 것을 요구하는 기도는 잘 하면서도 하나님이 원하시는 뜻대로 천국의 보화를 구하는 기도를 행하지 못하는 믿음이 부족한 죄인입니다.

5. 나는 하나님을 아버지라고 부르면서 아버지의 말씀을 듣지 않는 불효한 죄인입니다.

6. 나는 하나님과 예수님과 성령님을 마음속에 모시고 있다고 고백 하면서도 주님의 마음과 뜻과 성품대로 살지 못하며 성령의 열매가 부족한 죄인입니다.

7. 나는 하나님의 십계명과 새계명을 지키겠다고 아멘하면서 온전하게 지키지 못하고 행함이 부족한 죄인입니다.

8. 나는 천국에 가고 싶어 하고, 소망은 있으면서도 천국 법대로 안 지키고 이세상의 전통과 우상숭배 사상과 미신문화와 귀신문화를 버리지 못하는 죄인입니다.

9. 내가 자녀들, 타인과 어린아이들에게는 예수님을 믿고 말씀대로 순종하라고 가르치면서도 나는 그렇게 살지 못한 죄인입니다.

10. 내입으로는 찬송과 기도를 하면서도 그 입으로 더럽고 추악한 말을 쏟아내는 죄인입니다.

11. 나는 이웃과 남편과 아내를 내 몸처럼 사랑하라는 말씀에 아멘 하고서도 그렇게 사랑하지 못하는 죄인입니다.

2. 내 맘속에 세상 지식과 세상 문화와 세상 정보는 많이 가지려고 하면서도 영생의 말씀과 천국에 대한 지식과 정보에는 관심이 적은 죄인입니다.

13. 나는 세상적인 지혜와 이기적은 욕심은 많이 있지만, 이타적인 지혜와 사랑과 배려에는 관심이 적은 죄인입니다.

14. 나는 남들에게 선하고 의롭고 사랑스럽고 친절하고 공정한 언행심사를 요구하면서도 나의 죄악되고 거친 언행심사를 버리지 못하는 죄인입니다.

15. 내 잘못은 너그럽게 용서 받고 싶어 하면서도 남의 잘못에 대하여는 냉정하게 정죄하고 용서하지 못하는 죄인입니다.

16. 나는 남보다 더 큰 죄악된 들보를 가지고 있으면서 남의 티를 잘 지적하고 비판하는 죄인입니다.

17. 내 자신은 욕먹고 비난 받는 것을 몹시 싫어하면서도 남을 욕하고 비난하고 정죄하는 일에 익숙한 죄인입니다.

18. 나는 사랑 받고 칭찬 받고 인정받고 대접받는 것을 좋아하면서도 남을 사랑하고 칭찬하고 인정해주고 대접해주는 일에는 너무나 인색한 죄인입니다.
19. 내 외모는 예쁘고 깨끗하게 단장하면서도 내 맘속엔 부패하고 죄악된 쓰레기를 버리지 못하는 죄인입니다.
20. 내 육체를 위해서는 배고픔과 목마름을 참지 못해서 밥 세끼와 물을 챙겨 먹으면서 영혼을 위해서는 말씀과 기도에 대한 갈증을 못 느끼고 먹지 못하는 죄인입니다.
21. 내 육체의 건강진단과 건강 관리는 철저하게 잘 하면서 영혼의 건강 관리는 무지하고 또 알면서도 하지 않는 죄인입니다.
22. 내 육체가 병들면 병원에 부지런하게 다니고 약은 제 때에 잘 먹을줄 알면서 영혼이 병들었을 때 말씀과 보혈과 성령의 치료에 무지하고 그것을 거역하는 게으른 죄인입니다.
23. 나는 정기적인 표면적 교회 생활은 잘 하는데, 내면적인 신앙 생활은 잘 못하는 죄인입니다.
24. 나는 믿음으로 새 사람이 되었다고 고백하면서 옛 사람의 죄성을 버리지 못한 죄인입니다.
25. 나는 회개를 자주 하면서도 회개의 열매를 맺지 못하고 같은 죄를 반복하는 죄인입니다.
26. 나는 악을 선으로 갚지 못하고 악을 악으로 갚고싶은 맘을 버리지 못하는 죄인입니다.
27. 나는 사람 눈치나 체면은 무척 신경쓰면서 하나님의 눈치나 그의 체면은 신경쓰지 않는 죄인입니다.
28. 나에게 잘해주는 사람은 좋아하고 사랑하면서 나를 멀리하고

싫어하는 사람은 용서도, 이해도, 축복도 못하는 죄인입니다.

29. 나는 온유하고 겸손한 모습이 부족하고 교만과 자만심을 버리지 못하는 죄인입니다.

30. 나는 인내와 절제가 부족하고 조급하며 분노와 혈기를 버리지 못하는 죄인입니다.

31. 나는 화평과 기쁨이 부족하고 세상 일로 불안과 염려와 근심을 버리지 못하는 죄인입니다.

32. 나는 범사에 감사하지 못하고 자족하지 못하고 불평과 불만을 버리지 못하는 죄인입니다.

33. 나는 사람들이 안 보는데서 나쁜 일을 행할 때에 하나님은 다 보고계시며 듣고 계시는 것을 깨닫지 못하는 죄인입니다.

34. 나는 동료가 잘 되는 것을 볼때, 말로는 칭찬하면서도 속으로는 시기와 질투가 생길 때도 있는 죄인입니다.

35. 나는 마음이 깨끗하지 못하며 안목의 정욕과 육체의 정욕과 이생의 자랑을 버리지 못하는 죄인입니다.

36. 나는 의로운 일에 용기가 부족하고 선행하는 일에 소극적이면서 내게 유익한 일에는 민첩하고 욕심내는 죄인입니다.

37. 나는 재물과 명예와 권력과 이성의 유혹이 있을 때에 인정을 핑계로 거절하지 못하고 악에게 넘어지기 쉬운 죄인입니다.

38. 나에게 유익한 경우에는 작은 불의와 작은 불법과 작은 죄악을 단호하게 거절하지 못하고 용납하기 쉬운 연약한 죄인입니다.

39. 내가 잘못했을 때에 잘못을 솔직하게 인정하기보다는 변명과 남의 탓으로 핑계대는 진실성이 부족한 죄인입니다.

40. 나는 갇힌 자, 병든 자, 굶주리고 목마른 자들에게 사랑과 긍휼과 베풀고자하는 맘이 부족한 죄인입니다.

 이 모든 죄악을 자백할 때마다 용서해주시는 하나님의 넓으신 사랑에 진심으로 감사를 드립니다. 아멘.

♥ 자기성찰&메모

제4단계 회개와 용서에 대한 되새김 성경구절

☆중요한 구절은 암송합니다.

☆말씀에 대한 믿음과 순종이 부족한 부분을 구체적으로 회개하면서 묵상합니다.

1. 롬 7:20 만일 내가 원하지 아니하는 그것을 하면 이를 행하는 자는 내가 아니요 내 속에 거하는 죄니라
- 요일 2:16 이는 세상에 있는 모든 것이 육신의 정욕과 안목의 정욕과 이생의 자랑이니 다 아버지께로부터 온 것이 아니요 세상으로부터 온 것이라

2. 롬 1:29~31 곧 모든 불의, 추악, 탐욕, 악의가 가득한 자요 시기, 살인, 분쟁, 사기, 악독이 가득한 자요, 수군수군하는 자요, 비방하는 자요, 하나님께서 미워하시는 자요, 능욕하는 자요, 교만한 자요, 자랑하는 자요, 악을 도모하는 자요, 부모를 거역하는 자요, 우매한 자요, 배약하는 자요, 무정한 자요, 무자비한 자라(21가지)

♥ 자기성찰&메모

- 갈 5:19~21 육체의 일은 분명하니 곧 음행과 더러운 것과 호색과 우상 숭배와 주술과 원수 맺는 것과 분쟁과 시기와 분냄과 당 짓는 것과 분열함과 이단과 투기와 술 취함과 방탕함과 또 그와 같은 것들이라 전에 너희에게 경계한 것 같이 경계하노니 이런 일을 하는 자들은 하나님의 나라를 유업으로 받지 못할 것이요(15가지)
- 딤후 3:1~5 너는 이것을 알라 말세에 고통하는 때가 이르러 사람들이 자기를 사랑하며 돈을 사랑하며 자랑하며 교만하며 비방하며 부모를 거역하며 감사하지 아니하며 거룩하지 아니하며 무정하며 원통함을 풀지 아니하며 모함하며 절제하지 못하며 사나우며 선한 것을 좋아하지 아니하며 배신하며 조급하며 자만하며 쾌락을 사랑하기를 하나님 사랑하는 것보다 더하며 경건의 모양은 있으나 경건의 능력은 부인하니 이 같은 자들에게서 네가 돌아서라(11가지)

♥ 자기성찰&메모

3. 약 2:17 이와 같이 행함이 없는 믿음은 그 자체가 죽은 것이라
- 약 2:26 영혼 없는 몸이 죽은 것 같이 행함이 없는 믿음은 죽은 것이니라
- 고전 13:13 믿음, 소망, 사랑 이 세 가지는 항상 있을 것인데
- 히 11:1 믿음은 바라는 것들의 실상이요 보이지 않는 것들의 증거니
- 히 11:6 믿음이 없이는 하나님을 기쁘시게 못하나니 하나님께 나아가는 자는 반드시 그가 계신 것과 또한 그가 자기를 찾는 자들에게 상주시는 이심을 믿어야 할지니라

4. 마 22:37, 38 네 마음을 다하고 목숨을 다하고 뜻을 다하여 주 너희 하나님을 사랑하라 하셨으니 이것이 크고 첫째 되는 계명이요
- 신 28:1, 2 네가 네 하나님 여호와의 말씀을 삼가 듣고 내가 오늘 네게 명령하는 그의 모든 명령을 지켜 행하면 네 하나님 여호와께서 너를 세계 모든 민족 위에 뛰어나게 하실 것이라 네

♥ 자기성찰&메모

가 네 하나님 여호와의 말씀을 청종하면 이 모든 복이 네게 임하며 네게 이르리니
- 신 28:15 네가 만일 네 하나님 여호와의 말씀을 순종하지 아니하여 내가 오늘 네게 명령하는 그의 모든 명령과 규례를 지켜 행하지 아니하면 이 모든 저주가 네게 임하며 네게 이를 것이니

5. 출 20:12 네 부모를 공경하라 그리하면 네 하나님 여호와가 네게 준 땅에서 네 생명이 길리라
- 신 5:16 너는 네 하나님 여호와께서 명령한 대로 네 부모를 공경하라 그리하면 네 하나님 여호와가 네게 준 땅에서 네 생명이 길고 복을 누리리라
- 신 27:16 그의 부모를 경홀히 여기는 자는 저주를 받을 것이라 할 것이요 모든 백성은 아멘 할지니라
- 눅 18:20 네가 계명을 아나니 간음하지 말라, 살인하지 말라, 도둑질하지 말라, 거짓 증언 하지 말라, 네 부모를 공경하라 하였느니라

♥ 자기성찰&메모

- 엡 6:1 자녀들아 주 안에서 너희 부모에게 순종하라 이것이 옳으니라

6. 엡 5:22~33 아내들이여 자기 남편에게 복종하기를 주께 하듯 하라 이는 남편이 아내의 머리됨이 그리스도께서 교회의 머리됨과 같음이니 그가 바로 몸의 구주시니라 그러므로 교회가 그리스도에게 하듯 아내들도 범사에 자기 남편에게 복종할지니라 남편들아 아내 사랑하기를 그리스도께서 교회를 사랑하시고 그 교회를 위하여 자신을 주심 같이 하라 이는 곧 물로 씻어 말씀으로 깨끗하게 하사 거룩하게 하시고 자기 앞에 영광스러운 교회로 세우사 티나 주름 잡힌 것이나 이런 것들이 없이 거룩하고 흠이 없게 하려 하심이라 이와 같이 남편들도 자기 아내 사랑하기를 자기 자신과 같이 할지니 자기 아내를 사랑하는 자는 자기를 사랑하는 것이라 누구든지 언제나 자기 육체를 미워하지 않고 오직 양육하여 보호하기를 그리스도께서 교회에 함과 같이 하나니 우리는 그 몸의 지체임이라 그러므로 사람이 부모를

♥ 자기성찰& 메모

떠나 그의 아내와 합하여 그 둘이 한 육체가 될지니 이 비밀이 크도다 나는 그리스도와 교회에 대하여 말하노라 그러나 너희도 각각 자기의 아내 사랑하기를 자신 같이 하고 아내도 자기 남편을 존경하라

- 골 3:18~21 아내들아 남편에게 복종하라 이는 주 안에서 마땅하니라 남편들아 아내를 사랑하며 괴롭게 하지 말라 자녀들아 모든 일에 부모에게 순종하라 이는 주 안에서 기쁘게 하는 것이니라 아비들아 너희 자녀를 노엽게 하지 말지니 낙심할까 함이라
- 마 6:14~15 너희가 사람의 잘못을 용서하면 너희 하늘아버지께서도 너희 잘못을 용서하시려니와 너희가 사람의 잘못을 용서하지 아니하면 너희 아버지께서도 너희 잘못을 용서하지 아니하시리라.
- 마 22:39 둘째도 그와 같으니 네 이웃을 네 자신과 같이 사랑하라 하셨으니

♥ 자기성찰&메모

- 딤전 5:8 누구든지 자기 친족 특히 자기 가족을 돌보지 아니하면 믿음을 배반한 자요 불신자보다 더 악한자니라

7. 말 3:8 사람이 어찌 하나님의 것을 도둑질 하겠느냐 그러나 너희는 나의 것을 도둑질하고도 말하기를 우리가 어떻게 주의 것을 도둑질 하였나이까 하는도다 이는 곧 십일조와 봉헌물이라
- 사 58:13 만일 안식일에 네 발을 금하여 내 성일에 오락을 행하지 아니하고 안식일을 일컬어 즐거운 날이라 여호와의 성일을 존귀한 날이라 하여 이를 존귀하게 여기고 네 길로 행하지 아니하며 네 오락을 구하지 아니하며 사사로운 말을 하지 아니하면
- 롬 12:1 그러므로 형제들아 내가 하나님의 모든 자비하심으로 너희를 권하노니 너희 몸을 하나님이 기뻐하시는 거룩한 산 제물로 드리라 이는 너희가 드릴 영적 예배니라

♥ 자기성찰&메모

8. 갈 5:16,22~23 내가 이르노니 너희는 성령을 따라 행하라 그리하면 육체의 욕심을 이루지 아니하리라, 오직 성령의 열매는 사랑과 희락과 화평과 오래 참음과 자비와 양선과 충성과 온유와 절제니 이 같은 것을 금지할 법이 없느니라
- 엡 5:18 술 취하지 말라 이는 방탕한 것이니 오직 성령으로 충만함을 받으라

9. 마 5:3~12 심령이 가난한 자는 복이 있나니 천국이 그들의 것임이요, 애통하는 자는 복이 있나니 그들이 위로를 받을 것임이요, 온유한 자는 복이 있나니 그들이 땅을 기업으로 받을 것임이요, 의에 주리고 목마른 자는 복이 있나니 그들이 배부를 것임이요, 긍휼히 여기는 자는 복이 있나니 그들이 긍휼히 여김을 받을 것임이요, 마음이 청결한 자는 복이 있나니 그들이 하나님을 볼 것임이요, 화평하게 하는 자는 복이 있나니 그들이 하나님의 아들이라 일컬음을 받을 것임이요 의를 위하여 박해를 받은 자는 복이 있나니 천국이 그들의 것임이라 나로 말

♥ 자기성찰&메모

미암아 너희를 욕하고 박해하고 거짓으로 너희를 거슬러 모든 악한 말을 할 때에는 너희에게 복이 있나니 기뻐하고 즐거워하라 하늘에서 너희의 상이 큼이라 너희 전에 있던 선지자들도 이같이 박해하였느니라

10. 살전 5:12~18 너희끼리 화목하라~모든사람에게 오래참으라 – 악으로 악을 갚지 말고 – 항상 선을 따르라, 항상 기뻐하라 쉬지말고 기도하라 범사에 감사하라
- 막 16:15 또 이르시되 너희는 온 천하에 다니며 만민에게 복음을 전파하라
- 롬 10:14~15 그런즉 그들이 믿지 아니하는 이를 어찌 부르리요 듣지도 못한 이를 어찌 믿으리요 전파하는 자가 없이 어찌 들으리요 보내심을 받지 아니하였으면 어찌 전파하리요 기록된바 아름답도다 좋은 소식을 전하는 자들의 발이여 함과 같으니라

♥ 자기성찰&메모

- 행 5:42 그들이 날마다 성전에 있든지 집에 있든지 예수는 그리스도라고 가르치기와 전도하기를 그치지 아니하니라

11. 롬 6:10~11 그가 죽으심은 죄에 대하여 단번에 죽으심이요 그가 살아계심은 하나님께 대하여 살아계심이니 이와 같이 너희도 너희 자신을 죄에 대하여는 죽은자요 그리스도 예수 안에서 하나님께 대하여는 살아있는 자로 여길지어다
- 갈 1:4 그리스도께서 하나님 곧 우리아버지의 뜻을 따라 이 악한세대에서 우리를 건지시려고 우리 죄를 대속하기 위하여 자기 몸을 주셨으니
- 요 1:29 보라 세상 죄를 지고 가는 하나님의 어린양이로다

12. 마 3:2, 마 4:17 회개하라 천국이 가까이 왔느니라
- 마 3:8, 눅 3:8 회개에 합당한 열매를 맺고
- 막 1:15 천국이 가까웠으니 회개하고 복음을 믿으라

♥ 자기성찰&메모

- 눅 5:32 내가 의인을 부르러 온 것이 아니요 죄인을 불러 회개시키러 왔노라
- 눅 13:3 너희도 만일 회개하지 아니하면 다 이와 같이 망하리라
- 눅 15:7 죄인 한 사람이 회개하면 하늘에서는 회개할 것 없는 의인 아흔 아홉으로 말미암아 기뻐하는 것보다 더하니라
- 요일 1:8~9 만일 우리가 죄가 없다고 말하면 스스로 속이고 또 진리가 우리 속에 있지 아니할 것이요 만일 우리가 우리 죄를 자백하면 그는 미쁘시고 의로우사 우리 죄를 사하시며 우리를 모든 불의에서 깨끗하게 하실것이요
- 행 3:19 그러므로 너희가 회개하고 돌이켜 너희 죄 없이 함을 받으라 이같이 하면 새롭게 되는 날이 주 앞으로부터 이를 것이요

★자기성찰&메모

제4단계 회개 감사 기도

† 안목의 정욕으로 잘못한 언행심사를 회개하게 하셔서 감사합니다.(구체적으로)
† 육체의 정욕으로 잘못한 언행심사를 회개하게 하셔서 감사합니다.(구체적으로)
† 이생의 자랑으로 잘못한 언행심사를 회개하게 하셔서 감사합니다.(구체적으로)
† 모든 불의, 추악, 탐욕, 시기, 살인, 악독, 수군수군, 비방, 능욕, 교만, 자랑, 악을 도모함, 우매, 배약함, 부정함, 무자비한 언행심사를 회개하게 하셔서 감사합니다.(롬 1:29~31)
† 음행, 더러운 것, 호색, 우상숭배(조상제사), 탐심, 주술(점치는 것), 원수맺음, 분쟁, 시기, 분냄, 당 짓는 것, 분열, 이단, 투기, 술취함, 방탕한 언행심사를 회개하게 하셔서 감사합니다.(갈 5:19)
† 자기자랑, 이기심, 돈사랑, 명예탐심, 권력탐심, 교만, 자만, 미움, 비방, 부모거역, 불평, 부정, 모함, 사나움, 절제못함, 배신, 조급함, 쾌락, 악의, 경건능력을 부인한 죄를 회개하게 하시니 감사합니다.(딤후 3:1~5)
† 의심이 생겨서 믿음으로 행하지 않은 것과 믿음이 약한 것과 믿음이 부족한 것과 행함이 없는 믿음을 회개하게 하셔서 감사합니다.
† 세상의 보화, 명예, 권력들을 사랑하고 소망한 까닭에 하늘나라 소망이 부족한 죄를 회개하게 하셔서 감사합니다.

† 마음을 다하고 뜻을 다하고 목숨을 다하여 하나님을 사랑해야 되는 줄 알면서도 그렇게 하지 못한 허물과 죄를 회개하게 하시니 감사합니다.
† 이웃을 내 몸같이 사랑하라 하셨는데 그렇게 하지 못한 죄를 회개하게 하시니 감사합니다.
† 십계명을 온전히 지키지 못한 것을 회개하게 해주셔서 감사합니다.
† 부모님(시부모님)께 효도하지 못한 것과 가족(부부), 자녀를 내 몸같이 사랑하지 못한 죄, 화목하지 못한 죄를 회개하게 하시니 감사합니다.
† 성령의 아홉 가지 열매(사랑, 희락, 화평, 인내, 자비, 양선, 온유, 충성, 절제)가 부족한 것을 회개합니다.
† 팔복(심령가난, 애통, 온유, 의에 주림과 목마름, 긍휼, 청결, 화평, 핍박 받을 때 기쁨)이 부족한 것을 회개하게 하시니 감사합니다.
† 고린도 전서 13:1~7에 있는 사랑의 속성이 부족한 것을 회개하게 하시니 감사합니다.
† 항상 기도 부족, 범사 감사부족, 전도 부족한 것을 회개하게 하시니 감사합니다.
† 말씀대로 하나님 뜻대로 순종하지 못한 oo죄를 회개하게 하시니 감사합니다.
† 회개에 합당한 열매를 맺지 못하고 반복된 oo죄를 지은 것을 회개하게 하시니 감사합니다.
† 예배 시간을 지각한 것, 주님께 집중하지 못하고 산만한 맘으

로 예배드린 것과 헌금을 미리 준비하지 못하고 정성 없이 드린 것과 전심으로 찬양하지 못한 것을 회개하게 하시니 감사합니다.

† 설교 말씀을 감사로 듣지 않고 비판하면서 불평불만으로 들은 잘못을 깨닫고 회개하게 하셔서 감사합니다.

† 다른 사람들의 허물이나 죄를 또 다른 사람들에게 수군거리며 전달한 잘못을 회개하게 하시니 감사합니다.

† 교회에서 받은 직분에 합당한 충성을 다 하지 못한 것을 깨닫고 회개하게 하시니 감사합니다.

> "인간의 회개는 하나님이 그에게 주신
> 가장 위대하고 귀중한 축복이다"
> - 제레미 테일러

러시아의 대문호 톨스토이의 소설 '돌과 두 여인'에
이런 내용이 나온다. 어느 날 두 여인이 수도사를 찾아간다.
한 여인은 자기가 큰 죄인인줄 알고 몹시 괴로운 마음으로 왔다
그 여인은 한때 큰 죄를 지은 적이 있었다.
그러나 다른 여인은 자신이 여태껏 도덕적으로 살아 왔기에
별로 거리낌이 없다고 말했다.
수도사는 두 여인에게 참회의 고백을 시켰다.
첫째 여인은 눈물을 흘리면서 자신이 죄인임을 고백했다.
그러나 둘째 여인은 여전히 당당했다.
수도사는 울고 있는 여인에게는 큰 돌 하나를 구해오라고 했고
당당한 여인에게는 작은 돌을 많이 구해 오라고 했다.
수도사는 돌을 가져온 두 여인에게
그것을 본래의 자리에 갖다놓고 오라고 일렀다.
큰 돌을 가져온 여인은 그 돌을 어디에서 갖고 왔는지 분명히 알 수 있
었지만 작은 돌을 주워온 여인은 그럴 수 없었다.
죄는 바로 이런 것입니다 우리가 잊고 있는 죄가 얼마나 많은가.
그러므로 하나님 앞에서 겸손한 기도를 잊지 말아야합니다.

제5단계 ✝ 보혈훈련 방법

먼저 보혈에 대한 요약 되새김훈련과 관련성구를 5번 이상 되새김하면서 말씀에 대한 믿음을 가져야 합니다.

독생자 예수님은 이 세상에 죄인들을 대신하여 죽으러 오신 분입니다. 예수님을 믿는다는 것은 십자가 죽음을 통해서 인류의 죄를 대속하셨다는 보혈의 공로를 그대로 믿고 죄를 자백함으로 구원이 이루어집니다. 이 보혈은 주님의 생명입니다.

십자가 보혈의 은혜와 능력은 속죄, 칭의, 구원, 영생, 사탄의 속박에서 해방, 가난에서의 해방, 저주에서 해방, 신분의 변화, 정결 및 성화, 성령충만, 전인치유, 영적무기, 부활과 천국소망을 가져다 준 예수그리스도의 위대한 선물입니다.

예수님이 십자가에서 흘려주신 보혈을 바른다고 말하든지, 뿌린다고 말하든지, 마신다고 말하든지, 쏟아 붓는다고 말하든지 믿음을 갖고 선포하는 것임으로 선포하는대로 이루어 짐을 믿어야 합니다.

♥ 자기성찰&메모

예수님의 보혈이 닿는 곳에는 더러운 생각도 마음도 씻겨지고, 죄도 용서되고, 질병도 치유되고, 악한 영들도 보여지면서 물러가는 역사가 일어나는 것을 경험할 수 있습니다. 어느 공간이든지 보혈을 뿌리면 그곳에 머무르고 있던 어둠의 세력들이 도망하고 깨끗해지는 것을 영과 마음의 눈으로 확인할 수도 있습니다.

예수님의 십자가 보혈의 공로 때문에 죄가 용서되고 질병이 치유되며 가난과 저주가 없어졌고 예수님의 부활과 함께 사망 권세와 마귀 권세를 이길 수 있다는 확신을 갖습니다.

나의 영혼육과 언행심사와 오장육부와 관절골수에 예수님의 보혈을 십자가 위에서 부어주셨으므로 정결케 된 것을 믿음으로 묵상합니다. 요 6:53~58에서 예수님의 살을 먹고 피를 마시는 자는 영생을 얻었다고 하신 말씀은 피가 곧 생명임을 입증합니다.

출12:22~23에서 양의 피를 문인방과 문설주에 바르고 뿌려서 사망을 피하게 하셨습니다.

벧전1:2에서 예수그리스도의 피 뿌림 받으므로 영원히 그리고 단번에 구속의 은혜를 받은 것을 생각하며 자신의 온몸 각 부위와

♥ 자기성찰&메모

오장육부에 보혈을 뿌린다고 되새김하는 것은 나의 죄를 대속하신 십자가 보혈의 은혜를 체험케 하는 되새김 훈련입니다.

성경말씀대로 보혈을 뿌리고 마시면 주님 안에서 살게 되고 영생을 얻게 되며(요 6:54~56) 추악한 영들이 도망가고 접근하지 못하고 정결케 됩니다. 방해하는 세력이 없어지므로 성령의 역사하심이 더 강해집니다. 이 훈련은 영적전투훈련이므로 평생 동안 날마다 계속해야 합니다.⟨참고도서- 날마다 보혈을 체험하라(이창규 저, 예찬사 간)⟩

♥ 자기성찰&메모

제5단계 보혈에 대한 요약 되새김 훈련

※ 먼저 3단계와 4단계 요약 되새김 훈련을 간단히 한 후에
5단계 요약 되새김 훈련을 30분이상 합니다.
머리 또는 가슴에 손을 얹고 눈을 감고 부위를 상상하면서
되새김하고 적용합니다.

1. 이 죄인에게 십자가 위에서 예수님 보혈을 부으셔서 질병과 죄악과 가난과 저주를 대속해주셔서 감사합니다. 믿음과 성령을 충만케 하옵소서.
2. 예수님 보혈을 내 몸에 부어주셔서 내 육체의 소욕들과 안목의 정욕, 육체의 정욕, 이생의 자랑들을 대속해 주셨으니 감사합니다.(죄성의 종류별로 합니다.) 믿음과 성령을 충만케 하옵소서.
3. 지금 내가 예수님의 살을 먹고 피를 마십니다. 성령충만케 하옵소서.

♥ 자기성찰&메모

4. 내 오장육부, 혈관, 근육, 관절 골수, 신경세포에 예수님의 보혈을 마십니다! 성령께서 역사하여 주옵소서.(뿌리노라)

5. 내 영·혼·육과 언행심사(言行心思)와 인격에 예수님의 보혈을 뿌립니다! 성령께서 역사하여 주옵소서.(뿌리노라)

6. 내 머리, 얼굴, 이목구비, 목, 가슴, 명치, 복부, 옆구리, 하체, 허벅지, 무릎, 정강이, 발목, 발등, 발바닥, 뒤꿈치, 발가락, 종아리, 뒤허벅지, 엉덩이, 허리, 등, 어깨, 뒷목, 뒷머리, 정수리에 예수님의 보혈을 바르노라!(부어주셔서 감사합니다.) (뿌리노라)

7. 거실, 내실, 화장실, 사무실, 예배실, 장례식장, 극장, 승용차, 버스, 기차, 비행기, 여객선 안에 예수님의 보혈을 뿌리노라.(히 9:22)

♥ 자기성찰&메모

제5단계 보혈에 대한 되새김 성경구절

☆중요한 구절은 암송합니다.

☆말씀에 대한 믿음과 순종이 부족했던 부분을 회개하면서 묵상합니다.

① 창 9:4(신 12:23) 그러나 고기를 그 생명되는 피채 먹지 말지니라
② 출 12:17 그 피를 양을 먹을 집 좌우 문설주와 인방에 바르고 내가 그 피를 볼 때에 너희를 넘어가리니 재앙이 너희에게 내려 멸하지 아니하리라(12:13) (12:22~23)
③ 레 17:11 육체의 생명은 피에 있음이라 내가 이 피를 너희에게 주어 제단에 뿌려 너희 생명을 위하여 속죄하게 하였나니 생명이 피에 있으므로 피가 죄를 속하느니라
④ 요 6:53 내가 진실로 진실로 너희에게 이르노니 인자의 살을 먹지 아니하고 인자의 피를 마시지 아니하면 너희 속에 생명이 없느니라

♥ 자기성찰&메모

⑤ 요 6:54 내 살을 먹고 내 피를 마시는 자는 영생을 가졌고 마지막 날에 내가 그를 살리리니
⑥ 요 6:55 내 살은 참된 양식이요 내 피는 참된 음료로다
⑦ 요 6:56 내 살을 먹고 내 피를 마시는 자는 내 안에 거하고 나도 그의 안에 거하나니
⑧ 행 20:28 하나님이 자기 피로 사신 교회를 보살피게 하셨느니라
⑨ 롬 3:25 이 예수를 하나님이 그의 피로써 그의 믿음으로 말미암는 화목제물로 세우셨으니
⑩ 롬 5:9 그의 피로 말미암아 의롭다 하심을 받았으니
⑪ 엡 1:7 우리는 그리스도 안에서 그의 은혜의 풍성함을 따라 그의 피로 말미암아 속량 곧 죄 사함을 받았느니라
⑫ 골 1:20 그의 십자가의 피로 화평을 이루사 만물 곧 땅에 있는 것들이나 하늘에 있는 것들이 그로 말미암아 자기와 화목하게 되기를 기뻐하심이라
⑬ 히 9:12 염소와 송아지의 피로 하지 아니하고 자기의 피로 영원한 속죄를 이루사 단번에 성소에 들어가셨느니라

♥ 자기성찰&메모

⑭ 히 9:14 하물며 영원하신 성령으로 말미암아 흠 없는 자기를 하나님께 드린 그리스도의 피가 어찌 너희 양심을 죽은 행실에서 깨끗하게 하고 살아 계신 하나님을 섬기게 하지 못하겠느냐

⑮ 히 9:22 거의 모든 물건이 피로써 정결하게 되나니 피흘림이 없은즉 사함이 없느니라

⑯ 히 10:19 그러므로 형제들아 우리가 예수의 피를 힘입어 성소에 들어갈 담력을 얻었나니

⑰ 히 10:29 하물며 하나님의 아들을 짓밟고 자기를 거룩하게 한 언약의 피를 부정한 것으로 여기고 은혜의 성령을 욕되게 하는 자가 당연히 받을 형벌은 얼마나 더 무겁겠느냐 너희는 생각하라

⑱ 히 13:12 그러므로 예수도 자기 피로써 백성을 거룩하게 하려고 성문 밖에서 고난을 받으셨느니라

⑲ 히 13:20 양들의 큰 목자이신 우리 주 예수를 영원한 언약의 피로 죽은 자 가운데서 이끌어 내신 평강의 하나님이

♥ 자기성찰&메모

⑳ 벧전 1:2 예수그리스도의 피뿌림을 얻기 위하여 택하심을 받은 자들에게 편지하노니 은혜와 평강이 너희에게 더욱 많을지어다

㉑ 벧전 1:19 오직 흠 없고 점 없는 어린양 같은 그리스도의 보배로운 피로 된 것이니라

㉒ 요일 1:7 그가 빛 가운데 계신 것 같이 우리도 빛 가운데 행하면 우리가 서로 사귐이 있고 그 아들 예수의 피가 우리를 모든 죄에서 깨끗하게 하실 것이요

㉓ 요일 5:7~8 증언하는 이가 셋이니, 성령과 물과 피라 또한 이 셋은 합하여 하나이니라

㉔ 계 1:5 또 충성된 증인으로 죽은 자들 가운데에서 먼저 나시고 땅의 임금들의 머리가 되신 예수 그리스도로 말미암아 은혜와 평강이 너희에게 있기를 원하노라 우리를 사랑하사 그의 피로 우리 죄에서 우리를 해방하시고

㉕ 계 5:9 일찍이 죽임을 당하사 각 족속과 방언과 백성과 나라 가운데에서 사람들을 피로 사서 하나님께 드리시고

♥ 자기성찰&메모

㉖ 계 12:11 또 우리형제들이 어린 양의 피와 자기들의 증언하는 말씀으로써 그를 이겼으니 그들은 죽기까지 자기들의 생명을 아끼지 아니하였도다

♥ 자기성찰&메모

제5단계 보혈의 은혜에 대한 감사 기도

† 예수님이 십자가위에서 날 대신하여 보혈을 흘리시고 죽으셨기 때문에 내가 죄사함을 받고 영생을 얻게 된 것을 진심으로 감사드립니다.

† 예수님이 십자가에서 보혈을 흘리셨음으로 내 모든 죄성들(롬 1:29~31, 갈 5:19~21, 딤후 3:1~5)을 용서하여 주셔서 감사와 찬송을 드립니다.

† 예수님의 십자가 보혈의 능력으로 안목의 정욕과 육체의 정욕과 이생의 자랑으로 지은 죄를 깨끗하게 씻어주시니 감사와 찬송을 드립니다.

† 예수님 보혈의 능력으로 마귀의 세력과 귀신들과 악한 영들을 물리쳐 주시니 감사와 찬송을 드립니다.

† 예수님 보혈의 능력으로 사망 권세를 이기게 하시고 모든 질병을 치료해주시니 감사와 찬송을 드립니다.

† 예수님 보혈의 은혜를 부어주셔서 내 영혼과 언행심사를 깨끗하게 씻어주시니 감사와 찬송을 드립니다.

† 예수님 보혈의 은혜를 부어주셔서 내 오장육부와 혈관, 근육, 관절, 골수, 세포를 깨끗하게 씻어주시니 감사와 찬송을 드립니다.

† 예수님의 보혈을 거실과 내실, 사무실과 화장실, 승용차와 모든 물건과 공간에 뿌림으로 어둠의 영들이 물러가게 하시고 정결케 해주시니 감사와 찬송을 드립니다.

† 예수님의 살을 먹고 피를 마시는 자마다 영생을 얻게 해주시니

감사와 찬송을 드립니다.

† 예수님의 보혈을 내 영혼, 육, 인격, 언행심사에 뿌림으로 숨겨진 죄를 생각나게 하셔서 회개하게 하시니 감사와 찬송을 드립니다.

★ "내 영, 혼, 육, 인격, 언행심사, 신체 부위에 예수님의 보혈을 뿌리노라"를 반복적으로 하루에 30분 이상 21일씩 또는 40일씩 실천 적용한다면 회개와 성결을 체험할 수 있습니다.

♥ 자기성찰 & 메모

"하나님께서 그 자신의 심장의 피로
우리를 사셨기 때문에
우리는 값비싼 대가로 속량된 것입니다"
- 하트

미국의 어느 마을에 철도를 건너 통학하는 한 소년이 있었다.
소년이 철도를 건널 때면 어김없이 기차가 지나갔다.
소년은 그때마다 승객들에게 손을 흔들어 밝은 미소를 보냈다.
하루는 폭우가 내려 철로가 끊겨있었다.
만약 기차가 그대로 지나가면 수천 명의 희생자가 발생할 상황이었다.
소년은 가방에서 연필 깎는 칼을 꺼내 허벅지를 찔렀다.
그리고 흰 셔츠에 빨간 피로 '스톱'이라는 글씨를 써
기차를 향해 흔들었다.
기관사는 소년의 셔츠에 적힌 붉은 글씨를 보고 급히 기차를 세웠다.
기관사는 그제서야 철로가 끊긴 것을 알았다.
그는 선혈이 낭자한 소년을 끌어안으며 이렇게 울부짖었다.
"너의 피 값으로 우리가 살았다."
그 소년은 예수 그리스도 우리는 기차의 승객
크리스마스에 오실 예수의 피 값으로 전 인류는 구원을 받았다.
그러나 그 고마움을 아는 사람은 많지 않다.
사람들은 정말 소중한 것들을 오히려 가볍게 여기는 경향이 있다.

제6단계 ✝ 축귀훈련 방법

찬송 346~360

먼저 요약 되새김훈련과 관련성구를 5번 이상 되새김하면서 말씀에 대한 믿음을 가져야 합니다. 이 훈련은 담대한 믿음이 있어야 합니다. 예수님께서 마귀 세력을 이미 부활 권세로 이기셨다는 확신을 갖고 시작해야 합니다.

마귀는 타락한 천사로서 육안으로 볼 수 없는 영물이지만 사람이 존재하는 곳과 죄가 있는 곳에는 마귀의 세력이 함께 있다고 보면 됩니다.(요일3:8)

마귀가 하는 일은 사람들이 하나님을 믿지 못하게 방해하고 우상이나 다른 피조물을 섬기도록 미혹하고 있습니다.

마귀는 사람들에게 결국은 죄를 짓게 해서 지옥에 가도록 하는 것이 최고의 목표입니다.

마귀와 귀신들, 어둠의 영들이 하는 역할의 종류도 죄의 종류만큼이나 다양하고 그 칭호도 다양합니다.

♥ 자기성찰&메모

마귀의 세력은 자기 죽음 훈련과 회개 훈련과 보혈훈련과정에서 이미 초죽음이 되어 있는 상태에 놓여있다고 믿어야 합니다.

보혈훈련에서도 귀신들은 물러갈 수 밖에 없는 것입니다.

예수님께서 믿는 자에게 축귀의 권세를 주셨다는 기록된 말씀을 그대로 믿고 순종하고 선포하고 기도하면 이루어진다고 확신해야 합니다.(막16:17~18, 눅10:9)

그리고 예수님이 죽음에서 부활하셨음으로 사망 권세와 마귀 권세를 이기셨다는 말씀을 확신하고 예수이름으로 귀신을 물러가라고 대적기도하면 귀신들은 물러갈 수밖에 없는 피조물입니다.

예수님께서 이미 이겨놓으신 싸움이기에 우리가 이길 수 있는 것입니다.(롬8:37~39, 요16:33, 요일5:4~5, 요일4:4, 골2:15)

그리스도인은 예수님을 마음에 영접하고 믿는 순간부터 마귀와의 영적 전쟁이 시작된 것입니다.

그동안 마귀가 통치하는 어둠의 나라에서 살다가 어느 날 갑자기 마음에 예수님을 영접하고 하나님 나라로 이민 갔기 때문에 마귀는 자기백성을 빼앗겼다는 생각으로 틈을 노리며 그들을 삼키

♥ 자기성찰&메모

려는 공격을 일삼게 됩니다. 그러므로 사도바울은 마귀의 궤계를 능히 대적하기 위해서 하나님의 전신갑주를 입으라고 엡 6:11에서 말씀했습니다. 완전무장을 안 하고 전장에 나가는 어리석은 병사가 없듯이 영적전쟁에 임하는 병사들도 전신갑주를 입는 것은 너무나 당연한 일입니다.

하나님의 전신갑주는 오직 주 예수 그리스도로 옷 입는 것을 의미하기도 합니다.(롬13:14) 예수그리스도 자체가 전신갑주입니다. 새사람을 입으라(엡4:24)는 말씀도 옛 구습을 벗어버리고 예수 그리스도로 옷을 갈아 입으라는 뜻입니다.

마귀는 그리스도인의 옷을 벗겨 버리려고 온갖 계략을 사용합니다. 에덴동산에서 아담과 하와는 마귀의 계략에 넘어감으로 영적인 갑옷이 벗겨졌고, 자기들의 몸이 벗은 줄을 알게 된 것입니다. 그리스도인이 범죄하는 것은 바로 예수의 옷, 영적인 갑옷이 벗겨지는 순간이 되는 것입니다. 항상 어둠의 세력을 경계하고 자신의 영혼육과 언행심사를 잘 지켜야 합니다. 요일3:9 에서 하나님께로부터 난 자마다 죄를 짓지 아니하나니 이는 하나님의 씨가

♥ 자기성찰&메모

그의 속에 거함이요 그도 범죄하지 못하는 것은 하나님께로부터 났음이라고 말씀합니다. 이 말씀에 대한 믿음을 갖고 믿음의 싸움에서 이겨야 합니다. 그리스도인은 믿음을 굳건하게 하여 우는 사자처럼 공격하는 마귀의 세력들을 예수님의 이름으로 대적하라(벧전5:8) 말씀하고 있습니다. 그를 대적하면 물러간다는 말씀을 믿고(약4:7) 예수님의 이름으로 대적해야 합니다.

이 단계가 이루어지면 전인치유단계도 쉬워지게 되어 있습니다.

바울처럼 자고하지 않도록 하나님의 은혜로 그 몸에 남겨 놓으신 가시, 곧 마귀의 사자를 허락하는 경우도 있음을 기억할 필요가 있습니다.

이 훈련은 영적전투훈련이므로 일회성이 아니고 평생 동안 계속해야 합니다.

성경에 기록된 마귀의 칭호는 사탄, 마귀, 귀신, 바알세불, 뿌린 곡식을 주워 먹는 자, 악한 자, 거짓의 아비, 가라지를 심는 자, 독사, 악귀, 살인한자, 거짓말하는 자, 세상임금, 악한생각을 일으키는 자, 간계, 올무를 놓는 자, 천사로 가장하는 자, 어둠의 영, 악

♥ 자기성찰&메모

의 영, 이 세상 신, 벨리알, 뱀, 옛 뱀, 용, 옛적 천사, 공중의 권세 잡은 자, 사망권세 잡은 자, 무저갱의 사자, 온 천하를 꾀는 자, 참소하는 자, 통치자, 권세들, 어둠의 세상 주관자 등입니다.

☆ 귀신의 침입경로
- 조상 대물림과 본인의 우상숭배(3,4대까지), 조상제사, 풍수지리 숭배할 때
- 굿, 조상제사, 점치는 곳에 참여할 때(고전10:20)(대물림 된다.)
- 큰 충격, 큰 놀램, 두려움을 느끼게 한 사건사고, 좌절감이나 절망감에 눌릴 때
- 심한분노(엡4:26~27)를 지속할 때
- 술, 마약, 도박중독증(엡5:18)이 있을 때
- 죄(요일3:8), 습관적인 죄, 미움, 거짓(요8:44), 게으름(딤전5:13~15), 교만, 탐욕(행5:1~3), 폭력, 강도, 음행, 불순종, 완악, 비방(딤전3:7), 불평, 시기, 질투, 도적, 등 죄를 범할 때
- 악한생각(자살, 복수, 살인, 인신매매(요 13:2,27, 마16:23), 깨어 있지 않는 자(벧전5:8~9)

♥ 자기성찰&메모

- 더러운 장소와 환경(장례식장, 교도소, 유흥업소, 사찰, 극장, 이단회당, 이방인의 모임)에서 무장하지 않을 때(엡5:5. 고후 7:1)
- 전신갑주를 입지 않았을 때(엡 6:11~12)
- 성령소멸(살전 5:19)
- 경솔한 안수(딤전5:22)
- 예수를 시인하지 않을 때(요일4:3)

☆ 마귀가 침입하는 경우의 성경적 근거
- 요일 4:3 예수를 시인하지 아니하는 영마다 하나님께 속한 것이 아니니 이것이 곧 적그리스도의 영이니라
- 마 24:24 거짓 그리스도들과 거짓선지자들이 일어나 큰 표적과 기사를 보여 할 수만 있으면 택하신 자들도 미혹하리라
- 요 8:44 너희는 너희 아비 마귀에게서 났으니 너희 아비의 욕심대로 너희도 행하고자 하느니라
- 히 2:14~15 그도 죽음을 통하여 죽음의 세력을 잡은 자 곧 마귀를

♥ 자기성찰 & 메모

멸하시며 또 죽기를 무서워하므로 한평생 매여 종노릇하는 모든 자들을 놓아주려하심이니라

- **행 5:3** 베드로가 이르되 아나니아야 어찌하여 사탄이 네 마음에 가득하여 네가 성령을 속이고 땅값 얼마를 감추었느냐
- **요 13:2,27** 마귀가 벌써 시몬의 아들 가룟유다의 마음에 예수를 팔려는 생각을 넣었더라, 조각을 받은 후 곧 사탄이 그 속에 들어간지라
- **딤전 3:7** 외인에게도 선한증거를 얻은자라야 할지니 비방과 마귀의 올무에 빠질까 염려하라
- **딤전 5:13~15** 그들은 게으름을 익혀 집집으로 돌아다니고 게으름뿐 아니라 쓸데없는 말을 하며 일을 만들어 마땅히 아니할 말을 하나니 이미 사탄에게 돌아간 자도 있더라
- **고전 10:20** 무릇 이방인이 제사하는 것은 귀신에게 하는 것이요 하나님께 제사하는 것이 아니니 나는 너희가 귀신과 교제하는 자가 되기를 원치 아니하노라
- **요일 3:8** 죄를 짓는 자는 마귀에게 속하나니 마귀는 처음부터 범죄함이라 하나님의 아들이 나타나신 것은 마귀의 일을 멸하려 하심이라
- **마 16:23** 예수께서 돌이키시며 베드로에게 이르시되 사탄아 내 뒤로

♥ **자기성찰 & 메모**

물러가라 너는 나를 넘어지게 하는 자로다 네가 하나님의 일을 생각하지 아니하고 도리어 사람의 일을 생각하는도다 하시고
- 벧전 5:8 근신하라 깨어라 너희 대적 마귀가 우는 사자같이 두루 다니며 삼킬 자를 찾나니 믿음을 굳건하게 하여 그를 대적하라
- 엡 4:26~27 분을 내어도 죄를 짓지 말며 해가 지도록 분을 품지 말고 마귀에게 틈을 주지 말라

☆ 축귀 하기전의 준비자세
- 귀신존재를 인식하고 있어야 합니다.
- 영적전쟁에서 이겨야 되는 필요성과 의지가 있어야 합니다.
- 예수님은 창조주 ~ 마귀보다 강하다는 믿음으로 합니다.
- 예수님이 내주하신다는 믿음으로 합니다.
- 내 죄와 질병과 가난과 저주는 십자가에서 죽었다고 하는 믿음으로 합니다.
- 예수님이 마귀의 일을 멸하셨다는 믿음으로 합니다.
- 믿음과 성령을 충만케 해달라고 기도합니다.

♥ 자기성찰&메모

☆ 축귀의 실제
- 허물과 죄를 회개하고 죄를 끊겠다는 결단을 합니다.
- 내 안에 믿음과 성령을 충만케 해 달라고 간구합니다.
- 머리, 얼굴, 가슴, 복부 등 신체 부위별로 예수님의 보혈을 뿌립니다.
- 모든 죄성과 질병과 가난과 저주와 사망과 마귀의 세력을 예수님께서 멸하셨다고 선포합니다.
- 예수님께서 죄와 사망과 마귀권세를 이기셨다는 믿음을 갖고 예수의 이름으로 질병과 악한 영들은 물러가라 고 명령합니다 (질병의 이름과 악한 영들의 이름~가난의 영, 교만의 영, 자만의 영, 분노의 영, 혈기의 영, 음란호색의 영, 이혼의 영, 중독의 영, 폭력의 영, 우상숭배의 영, 조상숭배의 영 등)
- 다시 믿음과 성령의 충만함을 간구합니다.

♥ 자기성찰 & 메모

제6단계 축귀에 대한 요약 되새김 훈련

※먼저 제3단계 자기 죽음 요약 되새김 훈련과 제4단계 회개 요약 되새김훈련, 제5단계 보혈 요약 되새김 훈련을 한 후에 6단계 훈련을 시작합니다.

1. 예수님께서 마귀의 일을 멸하셨기 때문에 예수님 이름으로 귀신과 악한 영들을 물러가게 하시니 감사합니다. 믿음과 성령을 충만케 하옵소서.(행10:38, 골2:15, 요일3:8, 4:4)
2. 믿는 자에게 예수님 이름으로 귀신을 쫓아내는 권세를 주신 것을 감사합니다. 믿음과 성령을 충만케 하옵소서(눅9:1~2, 막16:17~18, 마10:8, 눅10:17, 10:19)
3. 내 몸 안에 있는 조상 때부터 대물림된 마귀의 세력(○○귀신들, ○○악한 영들)을 예수님께서 끊으셨도다.(예수님 보혈의 권세로, 부활의 권세로 끊으셨도다.) (마4:10~11, 12:18, 약4:7)
4. 교만의 영, 자만의 영, 음란의 영, 거짓의 영, 분노의 영은 예수님 이름으로 명하노니 내 몸에서 십자가 아래로 나와라.(떠나가라) (마16:23, 삼상 16:23, 행8:7, 16:18, 마4:24, 8:16, 17:18, 막1:25-26)

♥ 자기성찰&메모

5. 내 몸은 성령이 계신 하나님의 성전이기 때문에 추악한 영들은 내 몸에서 십자가로 떠나가라.(나와라) (고전3:16, 3:23)
6. 사망 권세 이기시고 부활하신 예수님이 내 안에 계시기 때문에 죄 짓게 하는 귀신들은 내 몸에서 떠나가라.(나와라) (마28:6, 고전15:55)
7. 나에게 항상 하나님의 전신갑주를 입게 하시고 마귀의 세력을 대적하여 승리하게 해 주시니 감사합니다. 믿음과 성령을 충만케 하옵소서.(엡6:10~18, 롬8:37, 요일 5:4)

☆ **축귀한 후에 사후관리**
- 날마다 말씀 묵상과 기도와 찬양으로 무장합니다.
- 내 안에 성령님이 계심을 늘 확신하면서 교제합니다.
- 하나님의 뜻대로 순종합니다.
- 순종하지 못한 언행심사는 매일 회개합니다.
- 유전적이고 습관적인 죄성은 예수님 십자가 보혈의 권세로 끊어버린다고 선포합니다.

♥ 자기성찰&메모

- 자주 보혈마심, 보혈바름, 보혈뿌림 훈련을 반복합니다.
- 나의 육적인 자아(죄성)는 십자가에서 죽었다고 날마다 선포합니다.
- 교회에서 맡은 직분에 충실하고 목사님과 교인들과 화목합니다.
- 하나님의 전신갑주를 입고 있는지 확인합니다.
- 믿음과 성령충만을 매일 수시로 간구합니다.

♥ 자기성찰&메모

제6단계 축귀에 대한 되새김 성경구절

☆중요한 구절은 암송합니다.

☆말씀에 대한 믿음과 순종이 부족했던 부분을 회개하면서 묵상합니다.

1. 예수님께서 마귀의 일을 멸하셨기 때문에 예수님 이름으로 귀신과 악한 영들을 물러가게 하시니 감사합니다. 믿음과 성령을 충만케 하옵소서.

- 행 10:38 하나님이 나사렛 예수에게 성령과 능력을 기름붓듯 하셨으매 그가 두루 다니며 선한 일을 행하시고 마귀에게 눌린 모든 사람을 고치셨으니 이는 하나님이 함께 하셨음이라
- 골 2:15 통치자들과 권세들을 무력화하여 드러내어 구경거리로 삼으시고 십자가로 그들을 이기셨느니라
- 요일 4:4 자녀들아 너희는 하나님께 속하였고 또 그들을 이기었나니 이는 너희 안에 계신 이가 세상에 있는 자보다 크심이라

♥ 자기성찰&메모

- 요일 3:8 죄를 짓는 자는 마귀에게 속하나니 마귀는 처음부터 범죄함이라 하나님의 아들이 나타나신 것은 마귀의 일을 멸하려 하심이라

2. 믿는 자에게 예수님 이름으로 귀신을 쫓아내는 권세를 주신 것을 감사합니다. 믿음과 성령을 충만케 하옵소서.
- 눅 9:1,2(막 3:15, 9:17,20) 예수께서 열두제자를 불러 모으사 모든 귀신을 제어하며 병을 고치는 능력과 권위를 주시고
- 막 16:17~18 믿는 자들에게는 이런 표적이 따르리니 곧 그들이 내 이름으로 귀신을 쫓아내며 새 방언을 말하며 ~ 병든자에게 손을 얹은즉 나으리라 하시더라
- 마 10:8~ 병든자를 고치며 죽은자를 살리며 나병환자를 깨끗하게 하며 귀신을 쫓아내되 너희가 거져 받았으니 거져주라
- 눅 10:17 칠십인이 기뻐하며 돌아와 이르되 주여 주의 이름이면 귀신들도 우리에게 항복하더이다
- 눅 10:19 내가 너희에게 뱀과 전갈을 밟으며 원수의 모든 능력을 제어할 권능을 주었으니 너희를 해칠 자가 결코 없으리라

♥ 자기성찰&메모

3. 내 몸 안에 있는 조상 때부터 대물림된 마귀의 세력(○○귀신들, ○○악한 영들)을 예수님께서 끊으셨도다.(예수님 보혈의 권세로, 부활의 권세로 끊으셨도다.)
- 마 4:10~11 이에 예수께서 말씀하시되 사탄아 물러가라 기록되었으되 주 너의 하나님께 경배하고 다만 그를 섬기라 하였느니라 이에 마귀는 예수를 떠나고 천사들이 나아와서 수종드니라
- 마 12:28 그러나 내가 하나님의 성령을 힘입어 귀신을 쫓아내는 것이면 하나님의 나라가 이미 너희에게 임하였느니라
- 약 4:7 그런즉 너희는 하나님께 복종할지어다 마귀를 대적하라 그리하면 너희를 피하리라

4. 교만의 영, 자만의 영, 음란의 영, 거짓의 영, 분노의 영은 예수님 이름으로 명하노니 내 몸에서 십자가 아래로 나와라.
- 마 16:23 예수께서 돌이키시며 베드로에게 이르시되 사탄아 내 뒤로 물러가라 너는 나를 넘어지게 하는 자로다 네가 하나님의 일을 생각지 아니하고 사람의 일을 생각하는도다

♥ 자기성찰&메모

- 삼상 16:23 하나님께서 부리시는 악령이 사울에게 이를 때에 다윗이 수금을 들고 와서 손으로 탄즉 사울이 상쾌하여 낫고 악령이 그에게서 떠나더라
- 행 8:7 많은 사람에게 붙었던 더러운 귀신들이 크게 소리를 지르며 나가고 또 많은 중풍병자와 못 걷는 사람이 나으니
- 행 16:18 바울이 심히 괴로워하여 돌이켜 그 귀신에게 이르되 예수 그리스도의 이름으로 내가 네게 명하노니 그에게서 나오라 하니 귀신이 즉시 나오니라
- 마 4:24 그의 소문이 온 수리아에 퍼진지라 사람들이 모든 앓는 자 곧 각종 병에 걸려서 고통당하는 자 귀신들린 자 간질하는 자 중풍병자들을 데려오니 그들을 고치시더라
- 마 8:16 예수께서 말씀으로 귀신들을 쫓아내시고 병든 자들을 다 고치시니
- 마 17:18 이에 예수께서 꾸짖으시니 귀신이 나가고 아이가 그때부터 나으니라
- 막 1:25,26 예수께서 꾸짖어 이르시되 잠잠히 하고 그 사람에

♥ 자기성찰&메모

게서 나오라 하시니 더러운 귀신이 그 사람에게 경련을 일으키고 큰 소리를 지르며 나오는지라

5. 내 몸은 성령이 계신 하나님의 성전이기 때문에 추악한 영들은 내 몸에서 십자가로 떠나가라.
- 고전 3:16 너희는 너희가 하나님의 성전인 것과 하나님의 성령이 너희 안에 계시는 것을 알지 못하느냐
- 고전 3:23 너희는 그리스도의 것이요 그리스도는 하나님의 것이니라

6. 사망 권세 이기시고 부활하신 예수님이 내 안에 계시기 때문에 죄 짓게 하는 귀신들은 내 몸에서 떠나가라.
- 마 28:6 그가 말씀하시던대로 살아나셨느니라
- 고전 15:55 사망아 너의 승리가 어디 있느냐 사망아 네가 쏘는 것이 어디 있느냐

♥ 자기성찰&메모

7. 나에게 항상 하나님의 전신갑주를 입게 하시고 마귀의 세력을 대적하여 승리하게 해 주시니 감사합니다. 믿음과 성령을 충만케 하옵소서

- 엡 6:10~18 끝으로 너희가 주 안에서와 그 힘의 능력으로 강건하여지고 마귀의 간계를 능히 대적하기 위하여 하나님의 전신갑주를 입으라 우리의 씨름은 혈과 육을 상대하는 것이 아니요 통치자들과 권세들과 이 어둠의 세상 주관자들과 하늘에 있는 악의 영들을 상대함이라 그러므로 하나님의 전신갑주를 취하라 이는 악한 날에 너희가 능히 대적하고 모든 일을 행한 후에 서기 위함이라 그런즉 서서 진리로 너의 허리띠를 띠고 의의 호심경을 붙이고 평안의 복음이 준비한 것으로 신을 신고 모든 것 위에 믿음의 방패를 가지고 이로써 능히 악한 자의 모든 불화살을 소멸하고 구원의 투구와 성령의 검 곧 하나님의 말씀을 가지라 모든 기도와 간구를 하되 항상 성령 안에서 기도하고 이를 위하여 깨어 구하기를 항상 힘쓰며 여러 성도를 위하여 구하라

♥ 자기성찰&메모

- 롬 8:37 그러나 모든 일에 우리를 사랑하시는 이로 말미암아 우리가 넉넉히 이기느니라
- 요일 5:4 무릇 하나님께로 난자마다 세상을 이기느니라 세상을 이기는 승리는 이것이니 우리의 믿음이니라

♥ 자기성찰&메모

제6단계 축귀 감사 기도

† 만왕의 왕이신 예수님의 이름과 권세로 마귀의 세력과 귀신과 악한 영들을 대적할 때 물리쳐 주시오니 감사와 찬송을 드립니다.
† 내 안에 있는 교만의 영, 자만의 영, 음란의 영, 미움의 영, 거짓의 영, 우상숭배의 영, 더러운 영들을 예수님의 이름으로 대적할 때 물러가게 해주시오니 감사와 찬송을 드립니다.
† 내 몸에 있는 병마의 세력도 예수님의 이름으로 물러가게 하시고 치료해주시니 감사와 찬송을 드립니다.
† 나에게 죄를 짓도록 유혹하는 악한 영들을 예수님의 이름으로 대적할 때 물리쳐 주시오니 감사와 찬송을 드립니다.
† 나의 조상 때부터 대물림 된 우상숭배의 영, 조상숭배의 영, 점술과 미신의 영, 사주팔자와 토정비결의 영들을 예수님의 이름으로 대적할 때 물러가게 하시오니 감사와 찬송을 드립니다.
† 말씀을 선포함으로 마귀의 세력들을 물러가게 하시니 감사와 찬송을 드립니다.
† 마귀의 세력들에게 예수님의 보혈을 뿌림으로 물러가게 하시니 감사와 찬송을 드립니다.

*"우리가 어둠의 깊은 골짜기를 지날 때
비로소 신앙의 본질을 발견하게 된다"*
― 찰스 스탠리

아마존 밀림에서
원시 부족을 대상으로 선교하는 한 선교사가
강을 건너가고 있었다.
가슴까지 물이 차는 곳이었는데
급한 일이 있어서 부리나케 강을 건너다가
얼굴이 백지장처럼 창백해지고 말았다.
길이가 10미터가 넘는 거대한 구렁이 아나콘다가
대가리를 물위로 내놓고 그에게 다가오고 있는 것을
발견했기 때문이었다.
멀리 강둑에서서 그것을 지켜보던 원시부족 사람들은
그 선교사를 비웃었다.
강물 속에서 아나콘다의 밥이 되는 선교사를
하나님이 어떻게 구원하는지 지켜보자고 했다.
대부분의 원시부족사람들은
그 선교사가 아나콘다의 몸에 휘감겨
질식하게 될 거라고 생각했다.

그 선교사는 틀림없이 큰 구렁이의 먹잇감이 되어
강물 속에서 처참하게 죽임을 당할 거라고 판단했다.
선교사는 강둑위에 서있는 마을사람들을 보고 더욱 긴장이 되었다.
만약 자신이 아나콘다의 입안으로 빨려 들어가
구렁이의 밥이 되고 만다면 다른 선교사들이 들어와도
그 마을에 복음 전하는 일은 거의 불가능해질 것이라는 생각이 들었다.
그래서 그 선교사는 그 자리에서
하나님의 도움을 구하는 능력의 기도를 했다.
"하나님 아나콘다를 멀리 쫓아주시옵소서
원주민들이 그것을 보고 하나님의 살아계심을 믿게 하옵소서"
그 선교사는 간절한 마음으로
하나님의 도움을 구하는 기도를 한 후에
손가락으로 그 아나콘다를 가리키며 담대하게 명했다.
"예수님의 이름으로 명합니다.
악하고 더러운 아나콘다야 속히 너희 집으로 돌아가거라"
참으로 신기한 일이었다.
그 선교사의 말이 떨어지자마자
고개를 내밀고 다가오던 아나콘다가
갑자기 고개를 휙 돌리곤 방향을 바꾸었다.
정반대방향으로 그 구렁이는 아득하게 사라져갔다.
그것을 보고 원시부족사람들은 환호성을 질렀다.
그 선교사가 믿는 하나님은 대단한 능력을 가지신 분이라며
서로 수군거렸다.
그 이후로 그 선교사의 교회에는 원시부족사람들이
자발적으로 많이 출석하게 되었다는 흥미로운 얘기다.

제7단계 ✝ 전인치유훈련 방법
(영혼구원과 육의 건강회복)

① 전인치유란 무엇인가

　사람의 구조는 영, 혼, 육으로 구성되어 있습니다.(살전 5:23, 히 4:12)
영은 하나님과 교제하는 기능을 갖고 있으며 혼은 마음과 정신세계를 포함하는데 의식, 감정, 생각, 기억의 기능을 가지고 있습니다. 육은 몸의 물질적인 모든 조직체로서 영혼과 함께 연합되어 있을 때에만 생명을 유지합니다.

　육은 생로병사의 과정 속에서 선악간의 하나님의 은혜와 복과 화(저주)를 경험하면서 살아가는 존재입니다. 사람의 생, 노, 사의 과정은 자신의 의지와 관계없이 불가항력적으로 경험되는 것이지만 질병은 자신이 건강관리를 잘못한 탓이 있으므로 먼저 그 원인을 자기 자신이 지내온 언행심사에서 찾아볼 필요가 있는 것입니다.

♥ 자기성찰&메모

자신의 혈통에 따른 유전적 기질인 성품과 후천적으로 선악간의 언행심사의 생활습관과 음식습관과 운동습관에서 부적절하고 잘못된 원인을 발견 할 수 있을 것입니다.

이 나쁜 습관들을 고치려는 결단과 하나님의 도우시는 은혜로 질병들을 고치게 된다는 믿음이 있으면 질병치유는 가능한 것입니다. 하나님은 전능전지하시기 때문에 못 고치는 병이 없다는 것을 확신해야 합니다. 전인치유는 하나님의 뜻입니다.

② 영의 질병치유는 하나님께 대한 불신앙의 죄를 회개하고 예수님을 마음에 영접하고 믿으면 하나님의 자녀로 거듭나게 됨으로서 죽었던 영이 살아나서 구원을 받고 영생을 얻게 되는 것입니다.

③ 혼(마음과 정신세계)의 질병 치유는 영이 성령으로 거듭난 상태에서 과거의 정서적 장애와 감정적 상처와 각종 사건 사고로 인한 스트레스들을 치유하는 내적 치유가 되어야 혼의 질병들이 치유되고 신체적 치유가 쉬워지는 것입니다.

♥ 자기성찰&메모

④ 육의 질병은 몸의 조직체간 오장육부, 혈관근육, 관절골수, 신경세포와 머리 얼굴, 이목구비, 사진 백체가 복잡 다양함으로 질병 또한 다양한 것입니다.

　그러나 생명의 근원이 되는 피를 깨끗하게 유지하고 면역성을 정상적으로 유지한다면 무병장수할 수 있습니다. 이것은 쉬운 일이 아닙니다. 그렇지만 전능하신 의사 예수님과 함께하면서 모든 병을 고칠 수 있다는 믿음을 가지고 있으면 모든 병을 고침받을 수 있습니다. 예수님께서 나의 모든 질병을 짊어지고 가셨다는 십자가 은혜를 100% 믿어야 합니다. 기독교인은 모든 병을 치유받을 수 있습니다. 그리고 모든 병을 치유받아야 합니다.

　이 치유 믿음을 체질화하기 위해서 치유에 관한 성경말씀을 반복적으로 되새김해서 치유에 대한 확신을 가져야 합니다. 주님 안에서 믿음요법, 기도요법, 찬양요법, 말씀묵상요법, 회개요법, 사랑과 순종요법, 감사요법, 기쁨요법, 화평요법 등을 통해 영혼육을 성령치유하는 것입니다.

♥ 자기성찰&메모

⑤ 생명을 가지고 있는 피조물들은 자신의 생명을 건강하게 유지하고자 하는 생존 본능을 갖고 있기 때문에 질병과 죽음을 싫어합니다. 그 중에 만물의 영장이라고 일컫는 인간만이 영혼육과 지정의와 언행심사를 갖고 있으면서도 대부분은 자기 생명 관리를 잘 못하고 있습니다. 소 잃고 외양간을 고친다는 말과 같이 몸이나 정신에 병이 생겨서 고통을 느낄 때에야 비로소 건강관리의 중요함을 깨닫게 됩니다.

건강은 예방차원이든 사후관리차원이든 창조된 생명의 원리를 알고 성경 원리를 따라서 영혼육을 평생 동안 지속적으로 부지런히 관리를 해야 하는 것입니다. 여러 가지 설명보다는 우선적으로 영혼육 건강에 유익한 것은 당장 실천해야 하고 건강에 해로운 것은 당장 안 하든지, 끊어야 하는 것입니다. 이 두 가지에 대한 결단과 실천이 없다면 영혼육의 건강관리에 대한 의지가 부족한 것입니다.

육체의 건강관리 방법중에 제1단계로서 기초적인 식이요법에 대하여 말하겠습니다. 음식을 입안에 넣으면 입안에 있는 맷돌로

♥ 자기성찰&메모

40번 정도 갈아서 다음 기관으로 넘기라고 존재하는 것입니다. 자기 입가지고도 자기 마음대로 못하는 사람이 대부분입니다. 조급하게 먹는 습관때문이라면 조급함을 회개하고 당장 고쳐야 합니다.

음식물은 입안에서 나오는 침과 충분한 화학 반응이 생기도록 씹어야 음식 속에 들어있는 영양분을 몸속으로 충분하게 흡수시킴으로 몸의 각 기관들의 에너지가 강해진다는 것이 의학계의 임상실험 결과입니다. 어릴 적부터 오래 씹는 습관을 가진 사람은 장년이 되어도 병원 갈 일이 안 생긴다는 것입니다.

두 번째는 사람마다 태어날 때부터 체질이 다르다는 것입니다. 체질이 다른 것처럼 몸에 필요한 영양의 양과 음식도 사람마다 다르다는 것입니다. 자기 몸에 필요한 것을 혀가 자율신경에 의해서 분별 작용을 해줍니다. 몸에 필요한 것은 좋아하고 몸에 필요치 않은 것은 싫어한다는 신호를 보냅니다. 사람은 단맛, 신맛, 쓴맛, 매운맛, 짠맛, 떫은 맛 나는 음식이 골고루 필요하지만 더 필요한 사람이 있고 덜 필요한 사람이 있습니다. 혹시라도 어느 유명 의사

♥ 자기성찰&메모

가 비타민C를 모든 사람들이 먹어야 한다고 말했든지, 짜고 매운 음식은 몸에 해롭다고 먹지 말라고 말했다면 이 말이 모든 사람에게 적용되는 것이 아니라는 점을 꼭 알아야 됩니다.

너도 나도 그 의사의 말이 푹 믿어져서 체질에 맞지 않는 사람이 그것을 계속 먹었을 때, 또는 체질에 맞는 사람이 안 먹었을 때 도리어 부작용과 병을 얻게 된다는 것입니다.

세 번째는 음식을 적게 먹는 것이 좋다는 것을 알고 있다면 과식은 절대로 피해야 됩니다. 과식은 장기의 노화현상을 앞당기는 역할을 합니다. 과다한 식욕을 절제해야 합니다. 과음, 흡연, 마약은 절대적으로 멀리하도록 결단해야 합니다.

⑥ 질병의 원인들
- 죄로 인하여 영혼이 병들면 육체도 병이 생깁니다.(창3:16, 레26:14, 민14:11,12:8, 신28:20~22, 28:58~62, 요5:1~14)
- 귀신의 역사(마12:22, 9:32~34, 15:21~28, 막9:14~29, 눅13:10~13)
- 하나님의 뜻을 이루기 위해서(요9:1~3, 17, 11:1~4, 고후 12:7, 욥1:20~22, 단8:27)

♥ 자기성찰&메모

- 인간관계의 파괴와 상처와 사랑의 결핍에서 오는 각종 스트레스
- 전염병
- 편식, 과식, 굶주림
- 술, 담배, 마약, 중독
- 환경오염
- 과로와 무절제한 생활습관
- 운동부족
- 유전적 허약체질과 나쁜성격으로 인한 부정적 사고방식
- 노화현상

⑦ 기타 치유에 도움되는 방법들
- 자연치유 요법(햇빛, 맑은 공기, 알카리성 물)
- 식이요법(음식을 골고루 먹고 40번 이상 씹어 먹어야 하며 소식하되 편식은 안 됩니다.)
- 금식요법(필요한 때, 주기적으로 체력에 맞게 합니다)

♥ 자기성찰&메모

- 운동요법(체력에 적합한 운동을 계속합니다)
- 마찰요법(피부를 손바닥으로 두들기거나 피부에 올리브 기름을 바르고 매끈한 기구로 문지른다.)
- 웃음요법(기쁘고 즐겁게 일합니다. 거울을 보면서 웃는 연습, 친절연습을 합니다)
- 심리안정요법(마음과 정신을 안정시킵니다, 대인관계의 화목, 휴식, 긍정적 사고방식)
- 음악치유, 미술치유요법(가사내용이 건전한 노래)
- 사랑요법(사랑하고 용서하며 베풀며 칭찬하며 감사합니다)
- 침, 뜸, 사혈, 경락마시지, 지압요법
- 의학요법(수술과 약복용)

⑧ 먼저 요약훈련항목과 관련성구를 5번 이상 되새김하면서 말씀에 대한 확신을 가져야 합니다. 앞에서 되새김한 자기 죽음 훈련과 회개와 보혈과 축귀 훈련과정을 통해서 이미 치유가 시작되었으며 이루어지고 있음을 경험할 수도 있습니다.

♥ 자기성찰&메모

치유은사가 없어도 이미 예수님께서 영혼육간의 죄와 질병을 십자가에서 담당하셨고 짊어지셨다는 말씀을 확신하고 기도하고 예수이름으로 선포하면 치유가 이루어집니다.

그리고 믿는 자에게 치유하는 권세를 주셨다고 하신 말씀을 그대로 믿고 순종하고 기도하면 이루어주십니다. 이 치유도 예수님께서 이미 이루어놓으신 은혜를 믿는 자들이 누릴 수 있는 것입니다.

그러나 현실적으로 여러 가지 질병이 많이 있으나 이 질병들은 하나님의 법을 깨닫게 하는 유익함이 있음으로 이 질병의 원인을 알게 해달라고 기도해야 합니다. 먼저 영적인 문제를 해결하지 않고 사람의 욕심으로 그저 육체적 치유만 하겠다고 간구한다면 온전한 치유가 일어나지 않습니다.

전능하신 의사 예수님께로 찾아가는 믿음이 있다면 병원 가는 수고는 많이 감소할 수 있을 것입니다. 모든 사람이 영·혼·육을 치유받아 건강하게 사는 것은 하나님의 뜻임을 믿어야 합니다.

♥ 자기성찰&메모

제7단계 전인치유에 대한 요약 되새김 훈련

※ 먼저 회개 요약 훈련과 보혈 요약 훈련과 축귀 요약 훈련을 한 후에
7단계 훈련을 시작합니다.

1. 예수님을 영접하고 믿음으로 나의 영, 혼, 육을 구원하시고 영생을 주셔서 감사합니다.(요삼1:2, 롬6:23, 엡2:1, 막16:16, 요3:16, 행16:31, 벧전1:9, 시103:3~5)

2. 믿는 자에게 예수님 이름으로 병 고치는 권세를 주셔서 감사합니다.(막9:23, 마10:8, 4:23, 8:13, 9:22, 막16:17~18, 약5:15, 빌4:13, 살전2:13, 행3:6, 4:10)

3. 예수님께서 내 몸의 ○○질병과 죄악과 가난과 저주를 짊어지고 대속하셨기 때문에 내 몸에서 떠나갈지어다.(마8:17, 고후8:9, 갈3:13, 벧전2:24)

4. 예수님께서 채찍에 맞으셨고, 내 연약함을 친히 담당하셨고, 모든 병을 짊어지고 가져가셨기 때문에 내 몸에 있는 ○○병은 나았습니다.(치료되었습니다) (시53:5, 마8:17)

♥ 자기성찰&메모

5. 날 사랑하시는 하나님께서 나의 영혼육과 언행심사와 오장육부와 혈관 근육 신경 관절 골수에 예수님보혈과 생명의 말씀과 성령의 기름을 부어 주셔서 영육간의 질병을 치료해 주시니 진심으로 감사드립니다.(치료하셨도다) 믿음과 성령을 충만케 하옵소서. (시107:20, 사58:8, 히4:12)

6. 하나님께 통곡하고 기도함으로 치료해주시니 감사합니다. 믿음과 성령을 충만케 하옵소서. (창20:17, 황상17:21, 왕하20:2~6, 약5:15~16, 마19:26)

7. 여호와를 경외하고 말씀을 믿고 순종하고 즐거워하는 자에게 양약이 되어주시니 감사합니다. 날마다 믿음과 성령을 충만케 하옵소서. (잠3:7~8, 4:22, 12:18, 13:17, 16:24, 17:22, 신28:20~22, 28:58~61, 출15:26, 마8:8, 9:28~30)

8. 고난을 통해 주의 율례를 깨닫게 하시니 감사합니다. 날마다 믿음과 성령을 충만케 하옵소서. (시119:71, 사38:17, 고후12:7, 시107:10~14)

♥ 자기성찰&메모

제7단계 전인치유에 대한 되새김 성경구절

☆중요한 구절은 암송합니다.

☆말씀에 대한 믿음과 순종이 부족했던 부분을 회개하면서 묵상합니다.

1. 예수님을 영접하고 믿음으로 나의 영, 혼, 육을 구원하시고 영생을 주셔서 감사합니다.
   - **요삼 1:2** 사랑하는 자여 네 영혼이 잘됨 같이 네가 범사에 잘되고 강건하기를 내가 간구하노라
   - **롬 6:23** 죄의 삯은 사망이요 하나님의 은사는 예수 우리 주안에 있는 영생이니라
   - **엡 2:1** 그는 허물과 죄로 죽었던 너희를 살리셨도다
   - **행 16:31** 주 예수를 믿으라 그리하면 너와 네 집이 구원을 얻으리라
   - **막 16:16** 믿고 세례를 받는 사람은 구원을 얻을 것이요 믿지 않는 사람은 정죄를 받으리라

♥ 자기성찰&메모

- 요 3:16 하나님이 세상을 이처럼 사랑하사 독생자를 주셨으니 이는 그를 믿는 자마다 영생을 얻게 하려 하심이라
- 벧전 1:9 믿음의 결국은 영혼 구원이다
- 시 103:3~5 그가 네 모든 죄악을 사하시며 네 모든 병을 고치시며 네 생명을 파멸에서 속량하시고 인자와 긍휼로 관을 씌우시며 좋은 것으로 네 소원을 만족하게하사 네 청춘을 독수리 같이 새롭게 하시도다

2. 믿는 자에게 예수님 이름으로 병 고치는 권세를 주셔서 감사합니다.
- 막 9:23 할 수 있거든이 무슨 말이냐 믿는 자에게는 능히 하지 못할 일이 없느니라
- 마 10:8 병든 자를 고치며 죽은 자를 살리며 나병환자를 깨끗하게 하며 귀신을 쫓아내며 너희가 거져 받았으니 거져주라
- 마 4:23 천국복음을 전파하시며 백성 중의 모든 병과 모든 약한 것을 고치시니

♥ 자기성찰&메모

- 마 8:13 예수께서 백부장에게 이르시되 가라 네 믿음대로 될지어다 하시니 그 즉시 하인이 나으니라
- 마 9:22 예수께서 돌이켜 그를 보시며 이르시되 딸아 안심하라 네 믿음이 너를 구원하였다 하시니 여자가 그 즉시 구원을 받으니라
- 막 16:17, 18 믿는 자들에게 이런 표적이 따르리니 곧 그들이 내 이름으로 귀신을 쫓아내며 새 방언을 말하며 뱀을 집어 올리며 무슨 독을 마실지라도 해를 받지 아니하며 병든 사람에게 손을 얹은즉 나으리라
- 약 5:15 믿음의 기도는 병든 자를 구원하리니 주께서 그를 일으키시리라 혹시 죄를 범하였을지라도 사하심을 받으리라
- 빌 4:13 내게 능력주시는 자 안에서 내가 모든 것을 할 수 있느니라
- 살전 2:13 이 말씀이 또한 너희 믿는 자 속에서 역사 하느니라
- 행 3:6 베드로가 이르되 은과 금은 내게 없거니와 내게 있는 이것을 네게 주노니 나사렛 예수 그리스도의 이름으로 일어나 걸으라

♥ 자기성찰&메모

- 행 4:10 나사렛 예수 그리스도의 이름으로 이 사람이 건강하게 되어 너희 앞에 섰느니라

3. 예수님께서 내 몸의 ○○질병과 죄악과 가난과 저주를 짊어지고 대속하셨기 때문에 내 몸에서 떠나갈지어다.
- 마 8:17 예수께서 우리의 연약한 것을 친히 담당하시고 병을 짊어지셨도다
- 고후 8:9 우리 주 예수 그리스도의 은혜를 너희가 알거니와 부요하신 이로서 너희를 위하여 가난하게 되심은 그의 가난함으로 말미암아 너희를 부요하게 하려 하심이라
- 갈 3:13 그리스도께서 우리를 위하여 저주를 받은바 되사 율법의 저주에서 우리를 속량하셨으니 기록된바 나무에 달린 자마다 저주 아래에 있는 자라 하였음이라
- 벧전 2:24 친히 나무에 달려 그 몸으로 우리 죄를 담당하셨으니 이는 우리로 죄에 대하여 죽고 의에 대하여 살게 하려 하심이라 그가 채찍에 맞음으로 너희는 나음을 얻었나니

♥ 자기성찰&메모

4. 예수님께서 채찍에 맞으셨고, 내 연약함을 친히 담당하셨고, 모든 병을 짊어지고 가져가셨기 때문에 내 몸에 있는 ○○병은 나았습니다.
- 사 53:5 그가 찔림은 우리의 허물 때문이요 그가 상함은 우리의 죄악 때문이라 그가 징계를 받음으로 우리는 평화를 누리고 그가 채찍에 맞으므로 우리는 나음을 입었도다
- 마 8:17 예수께서 우리의 연약한 것을 친히 담당하시고 병을 짊어지셨도다

5. 날 사랑하시는 하나님께서 나의 영혼육과 언행심사와 오장육부와 혈관 근육 신경 관절 골수에 예수님보혈과 생명의 말씀과 성령의 기름을 부어 주셔서 영육간의 질병을 치료해 주시니 진심으로 감사드립니다.(치료하셨도다) 믿음과 성령을 충만케 하옵소서.
- 시 107:20 그가 그의 말씀을 보내어 그들을 고치시고 위험한 지경에서 건지시는 도다
- 사 58:8 그리하면 네 빛이 새벽같이 비칠 것이며 네 치유가 급속할 것이며

♥ 자기성찰&메모

- 히 4:12 하나님 말씀은 살아 있고 활력이 있어 좌우에 날선 어떤 검보다도 예리하며 혼과 영과 및 관절과 골수를 찔러 쪼개기까지 하며 마음의 생각과 뜻을 판단하느니라

6. 하나님께 통곡하고 기도함으로 치료해주시니 감사합니다. 믿음과 성령을 충만케 하옵소서.
- 창 20:17 아브라함이 하나님께 기도하매 하나님이 아비멜렉과 그의 아내와 여종을 치료하사 출산하게 하셨으니
- 왕상 17:21 그 아이 위에 몸을 세 번 펴서 엎드리고 여호와께 부르짖어 이르되 내 하나님 여호와여 원하건대 이 아이의 혼으로 그의 몸에 돌아오게 하옵소서 하니 여호와께서 엘리야의 소리를 들으시므로 그 아이의 혼이 몸으로 돌아오고 살아난지라
- 왕하 20:2~6 히스기야가 낯을 벽으로 향하고 여호와께 기도하여 이르되 ~ 히스기야가 심히 통곡하더라 ~ 하나님 여호와의 말씀이 내가 네 기도를 들었고 네 눈물을 보았노라 내가 너

♥ 자기성찰&메모

를 낫게 하리니 네가 삼일만에 여호와의 성전에 올라가겠고 내가 네 날에 15년을 더할 것이며
- 약 5:15 믿음의 기도는 병든 자를 구원하리니 주께서 그를 일으키시리라 혹시 죄를 범하였을지라도 사하심을 받으리라
- 약 5:16 그러므로 너희 죄를 서로 고백하며 병이 낫기를 위하여 서로 기도하라 의인의 간구는 역사하는 힘이 큼이니라
- 마 19:26 사람으로는 할 수 없으나 하나님으로서는 다 하실 수 있느니라

7. 여호와를 경외하고 말씀을 믿고 순종하고 즐거워하는 자에게 양약이 되어주시니 감사합니다. 날마다 믿음과 성령을 충만케 하옵소서.
- 잠 3:7~8 스스로 지혜롭게 여기지 말지어다 여호와를 경외하며 악을 떠날지어다 이것이 네 몸에 양약이 되어 네 골수를 윤택하게 하리라
- 잠 4:22 그것은 얻는 자에게 생명이 되며 그의 온 육체의 건강이 됨이라

♥ 자기성찰&메모

- 잠 12:18 칼로 찌름같이 함부로 말하는 자가 있거니와 지혜로운 자의 혀는 양약과 같으니라
- 잠 13:17 악한 사자는 재앙에 빠져도 충성된 사신은 양약이 되느니라
- 잠 14:27 여호와를 경외하는 것은 생명의 샘이니 사망의 그물에서 벗어나게 하느니라
- 잠 16:24 선한 말은 꿀송이 같아서 마음에 달고 뼈에 양약이 되느니라
- 잠 17:22 마음의 즐거움은 양약이라도 심령의 근심은 뼈를 마르게 하느니라
- 신 28:20~22 네가 악을 행하여 그를 잊으므로 네 손으로 하는 모든 일에 여호와께서 저주와 혼란과 책망을 내리사 망하며 속히 파멸하게 하실 것이며 여호와께서 네 몸에 염병이 들게 하사 네가 들어가 차지할 땅에서 마침내 너를 멸하실 것이며 여호와께서 폐병과 열병과 염증과 학질과 한재와 풍재와 썩는 재앙으로 너를 치시리니 이 재앙들이 너를 따라서 너를 진멸하게 할 것이라

♥ 자기성찰 & 메모

- 신 28:58~61 네가 만일 이 책에 기록한 이율법의 모든 말씀을 지켜 행하지 아니하고 네 하나님 여호와라 하는 영화롭게 두려운 이름을 경외하지 아니하면 여호와께서 네 재앙과 네 자손의 재앙을 극렬하게 하시리니 그 재앙이 크고 오래고 그 질병이 중하고 오랠 것이라 여호와께서 네가 두려워하던 애굽의 모든 질병을 네게로 가져다가 네 몸에 들어붙게 하실 것이며 또 이 율법 책에 기록하지 아니한 모든 질병과 모든 재앙을 네가 멸망하기까지 여호와께서 네게 내리실 것이니
- 출 15:26 너희가 너희 하나님 나 여호와의 말을 들어 순종하고 내가 보기에 의를 행하며 내 계명에 귀를 기울이며 내 모든 규례를 지키면 내가 애굽사람에게 내린 모든 질병 중 하나도 너희에게 내리지 아니하리니 나는 너희를 치료하는 여호와임이라
- 마 8:8 백부장이 대답하여 이르되 주여 ~ 말씀으로만 하옵소서 그러면 내 하인이 낫겠사옵나이다

♥ 자기성찰 & 메모

- 마 9:28~30 예수께서 이르시되 내가 능히 이 일 할 줄을 믿느냐 대답하되 주여 그러하오이다 하니 이에 예수께서 그들의 눈을 만지시며 이르시되 너희 믿음대로 되라하시니 그 눈들이 밝아진지라

8. 고난을 통해 주의 율례를 깨닫게 하시니 감사합니다. 날마다 믿음과 성령을 충만케 하옵소서.
- 시 119:71 고난당한 것이 내게 유익이라 이로 말미암아 내가 주의 율례들을 배우게 되었나이다
- 사 38:17 보옵소서 내게 큰 고통을 더하신 것은 내게 평안을 주려하심이라 주께서 내 영혼을 사랑하사 멸망의 구덩이에서 건지셨고 내 모든 죄를 주의 등 뒤에 던지셨나이다
- 고후 12:7 여러 계시를 받은 것이 지극히 크므로 너무 자만하지 않게 하시려고 내 육체에 가시 곧 사탄의 사자를 주셨으니 이는 나를 쳐서 너무 자만하지 않게 하려 하심이라
- 시 107:10~14 사람이 흑암과 사망의 그늘에 앉으며 곤고와 쇠사슬에 매임은 하나님의 말씀을 거역하며 지존자의 뜻을 멸시함이라 그러므로 그가 고통을 주어 그들의 마음을 겸손하게 하셨으니 그들이 엎드러져도 돕는 자가 없었도다 그들이 환난 중에 여호와께 부르짖으매 그들의 고통에서 구원하시되 흑암과 사망의 그늘에서 인도하여 내시고 그들의 얽어맨 줄을 끊으셨도다

제7단계 전인치유에 대한 기도

† 주 예수님을 믿음으로 나의 영혼육의 죄를 용서해주시고 구원하시고 영생을 주시오니 감사와 찬송을 드립니다.(벧전 1:9, 요 3:16)

† 예수님께서 내 몸의 질병과 죄악과 가난과 저주를 대신 짊어지고 가셨기 때문에 깨끗이 치료하여 주시오니 감사와 찬송을 드립니다.(마 8:17)

† 영혼이 잘됨같이 범사가 잘되고 강건하게 해주시오니 감사와 찬송을 드립니다.(요삼 1:2)

† 하나님은 내 모든 죄악을 사하시며 내 모든 병을 고치시며 내 생명을 파멸에서 속량하시고 인자와 긍휼로 관을 씌우시며 좋은 것으로 네 소원을 만족하게 하사 네 청춘을 독수리같이 새롭게 하시오니 감사와 찬송을 드립니다.(시 103:3~5)

† 믿는 자들에게 예수님의 이름으로 귀신을 쫓아내며 새 방언을 말하며 뱀을 집어 올리며 무슨 독을 마실지라도 해를 받지 아니하며 병든 사람에게 손을 얹은즉 낫게 해주시니 감사와 찬송을 드립니다.(막 16:17~18)

† 믿음의 기도는 병든 자를 구원하시며 주께서 그를 일으키신다고 하신 말씀을 믿고 감사와 찬송을 드립니다.(약 5:15)

† 주님의 말씀이 믿는 자 속에서 역사하시며 능력 주시는 자 예수님 안에서 내가 모든 것을 할 수 있다 하시니 감사와 찬송을 드립니다.(빌 4:13)

† 예수님이 채찍에 맞았으므로 내가 나음을 입게 해주셨으니 감사와 찬송을 드립니다.(사 53:5)

† 내게 큰 고통을 더하신 것은 내게 평안을 주려 하심이라 주께서 내 영혼을 사랑하사 멸망의 구덩이에서 건지셨고 내 모든 죄를 주의 등뒤에 던지셨으니 감사와 찬송을 드립니다.(사 38:17)

† 고난당한 것이 내게 유익이라 이로 말미암아 내가 주의 율례를 배우게 해주시니 감사와 찬송을 드립니다.(시 119:71)

† 내 육체에 가시를 주신 것은 너무 자만하지 않게 하려 하시니 감사와 찬송을 드립니다.(고후 12:7)

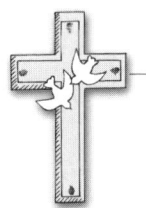

*"믿음이란
그분의 은혜를 받으려고 팔을 뻗는 것입니다."*
- 조쉬 맥도웰

6. 25전쟁 때 참전군 중에 빌이라는 미국 병사가 있었습니다. 그는 전투중에 폭탄을 맞아서 하반신이 완전히 마비되었습니다. 목 이하는 완전히 마비되고 팔 다리는 제대로 움직이지 못했습니다. 대소변도 자기 스스로 가리지를 못합니다. 목 위만 겨우 신경이 통해서 볼 수 있고. 말하고 들을 수 있을 뿐이었습니다. 병원에 입원을 한 상태로 평생을 그렇게 지내야만 했습니다. 그래서 그의 아내 스텔라가 보험 외판원을 하면서 생계를 이어갔습니다. 병실을 지키며 3년이란 시간이 지났습니다.

아내 스텔라가 병상에서 남편의 손을 잡고 울며 기도하면서 남편에게 이혼을 제안했습니다. "도저히 나는 병실에서 이렇게 생활할 수 없으니 우리 헤어지도록 합시다. 당신은 국가에서 주는 연금으로 치료받으며 병원에서 생활할 수 있으니 나는 나의 생을 살아야 하겠습니다."하고 이혼을 제의했습니다. 그때 빌이 눈물을 글썽이며 아내에게 이렇게 말했습니다. "행복을 빌겠소. 그러나 하루만 더 참아주구려." 그 날 밤 빌은 눈물로 기도했습니다. "오, 주여. 내게 힘을 주시옵소서. 성령의 능력으로 나를 일으켜주옵소서." 그 순간 이상한 현상이 나타났습니다. 마비되었던 손이 움직이고 발가락이 움직였습니다. 얼굴에 생기가 돌았습니다. 놀라운 하나님의 기적을 체험한 빌은 그 후 훌륭한 전도자가 되었다고 합니다.

제8단계 † 성령세례와 성령충만훈련 방법

찬송 182~197

먼저 요약 되새김 훈련과 관련성구를 5번 이상 되새김하면서 말씀에 대한 확신을 가져야 합니다.

요3:5에서 예수님은 물과 성령으로 거듭나지 아니하면 하나님 나라에 들어갈 수 없다고 말씀하셨습니다. 세례요한은 마3:11에서 예수님이 성령과 불로 세례를 베푸시는 분이라고 말씀하셨고, 행1:5에서 예수님은 너희는 몇 날이 못 되어 성령으로 세례를 받을 것이라고 말씀하셨고, 오순절 날에 성령세례와 성령충만을 체험했습니다.

성령으로 거듭나는 것은 성령님이 믿는 자의 마음속에 내주하시는 역사이며 성령세례와는 다른 것입니다. 성령 세례는 거듭난 자에게 권능을 주시는 성령의 기름 부으심을 의미합니다. 그리고 각 양의 은사가 주어지고 그 은사를 통하여 복음전도와 봉사와 치유사역에 헌신하도록 인도하십니다.

♥ 자기성찰&메모

성령 세례와 은사를 받았을 때에 동시에 성령충만도 임할 수 있습니다. 그러나 그렇지 않은 경우가 더 많기 때문에 성령세례를 받은 자는 성령 충만을 위해서 날마다 쉬지 말고 기도하고 말씀을 되새김해야 합니다. 성령세례는 성령충만으로 들어가는 관문입니다. 반복적이고 지속적으로 성령충만을 유지해야 성령의 열매를 풍성히 맺는 옥토신자가 되는 것입니다.

☆ 성령세례 받는법 - 하나님의 명령입니다
- 예수영접과 믿음(임재확신)
- 회개(열매) - 자기죽음(행2:38)
- 간구와 기도, 사모함(눅11:13,24:49, 행4:31,2:1,8:15~16)
- 믿음(갈3:14), 응답 받은 줄로 확신(막11:24, 약1:5~8)
- 순종할 때(행5:32)
- 안수 받을 때
- 말씀 들을 때(행10:44)
- 찬송할 때(시22:3)

♥ 자기성찰&메모

☆ 받은 증거
- 은사(고전12:4~13, 엡4:11~16)
- 열매(롬12장, 갈5:22~23, 마13:8,23)
- 성령을 따라 행함(갈5:16) 성령으로 살면 성령으로 행할지니(갈5:25)

☆ 성령충만 지속 방법
- 날마다 자기죽음을 선포하고 확신합니다.
- 날마다 말씀을 묵상합니다.
- 쉬지 말고 기도합니다.
- 수시로 찬양합니다.
- 성령의 인도에 순종(열매확인)(요14:21 계명지킴=사랑)
- 봉사합니다.
- 언제 어디서나 전도합니다.

♥ 자기성찰&메모
....
....
....
....
....

제8단계 성령세례와 성령충만에 대한 요약 되새김 훈련

※ 먼저 제2단계와 제3단계와 제4단계 제5단계 요약 되새김 훈련을 간단히 한 후 8단계 훈련을 시작합니다.

1. 내가 예수님을 영접하였고 믿고 회개하며 성령으로 거듭나게 하셨사오니 나에게 성령세례와 성령충만을 주옵소서.(요3:5, 마 3:11, 행1:5, 2:38, 요14:16~7,20)
2. 나는 성령의 권능과 은사를 받고 그리스도의 증인되겠사오니 나에게 성령세례와 성령충만을 주옵소서.(눅 1:15, 4:1, 요14:26, 16:13, 20:22, 행1:8, 2:4, 6:3, 7:55, 10:38)
3. 나는 성령을 따라 살고 싶사오니 성령의 기름을 부으시고 성령충만이 지속되게 하옵소서.(갈5:16, 롬8:9,14, 14:17, 고전2:4~5, 10~11)
4. 나는 성령의 열매 곧 사랑, 희락, 화평, 인내, 자비, 양선, 온유, 충성, 절제하면서 살 수 있도록 날마다 순간마다 지속적으로 성령충만케 하옵소서.(갈5:22~23)

♥ 자기성찰& 메모

5. 나는 성령 안에서 옥토신자가 될 수 있도록 늘 성령충만케 하옵소서.(갈6:8, 엡3:16, 6:17, 5:18, 살전5:19~20, 유1:19)
6. 성령을 구하고 찾고 두드리고 기도할 때, 찬송할 때, 말씀 들을 때, 안수 받을 때 성령세례와 성령충만을 주시오니 감사합니다.(눅11:13, 행8:15,17. 9:17, 19:6)

♥ 자기성찰&메모

제8단계 성령세례와 성령충만에 대한 되새김 성경구절

☆중요한 구절은 암송합니다.

☆말씀에 대한 믿음과 순종이 부족했던 부분을 회개하면서 묵상합니다.

1. 내가 예수님을 영접하였고 믿고 회개하며 성령으로 거듭나게 하셨사오니 나에게 성령세례와 성령충만을 주옵소서.
   - 요 3:5 예수께서 대답하여 이르시되 진실로 진실로 네게 이르노니 사람이 물과 성령으로 거듭나지 아니하면 하나님 나라에 들어갈 수 없느니라
   - 마 3:11 나는 너희로 회개하게 하기 위하여 물로 세례를 베풀거니와 내 뒤에 오시는 이는 나보다 능력이 많으시니 ~ 그는 성령과 불로 세례를 베푸실 것이요
   - 행 1:5 요한은 물로 세례를 베풀었으나 너희는 몇 날이 못 되어 성령으로 세례를 받으리라
   - 요 14:16~17 내가 아버지께 구하겠으니 그가 또 다른 보혜사

♥ 자기성찰&메모

를 너희에게 주사 영원토록 너희와 함께 있게 하리니 그는 진리의 영이라 그러나 너희는 그를 아나니 그는 너희와 함께 거하심이요 또 너희 속에 계시겠음이라
- 요 14:20 그날에는 내가 아버지 안에 너희가 내 안에 내가 너희 안에 있는 것을 너희가 알리라
- 행 2:38 너희가 회개하여 각각 예수 그리스도의 이름으로 세례를 받고 죄사함을 받으라 그리하면 성령의 선물을 받으리니

2. 나는 성령의 권능과 은사를 받고 그리스도의 증인되겠사오니 나에게 성령세례와 성령충만을 주옵소서.
- 눅 1:15 이는 그가 주 앞에 큰 자가 되며 포도주나 독한 술을 마시지 아니하며 모태로부터 성령의 충만함을 받아
- 눅 4:1 예수께서 성령의 충만함을 입어 요단강에서 돌아 오사 광야에서 사십 일 동안 성령에게 이끌리시며
- 요 14:26 보혜사 곧 아버지께서 내 이름으로 보내실 성령 그가 너희에게 모든 것을 가르치고 내가 너희에게 말한 모든 것을 생각나게 하리라

♥ 자기성찰&메모

- 요 16:13 진리의 성령이 오시면 그가 너희를 모든 진리 가운데로 인도하시리니 그가 스스로 말하지 않고 오직 들은 것을 말하며 장래 일을 너희에게 알리시리라
- 요 20:22 그들을 향하사 숨을 내쉬며 이르시되 성령을 받으라
- 행 1:8 오직 성령이 너희에게 임하시면 너희가 권능을 받고 내 증인이 되리라 하시니라
- 행 2:4 그들이 다 성령의 충만함을 받고 성령이 말하게 하심을 따라 다른 언어들로 말하기를 시작하니라
- 행 6:3 형제들아 너희 가운데서 성령과 지혜가 충만하여 칭찬 받는 사람 일곱을 택하라 우리가 이 일을 그들에게 맡기고
- 행 7:55 스데반이 성령 충만하여 하늘을 우러러 주목하여 하나님의 영광과 및 예수께서 하나님 우편에 서신 것을 보고
- 행 10:38 성령과 능력을 기름붓듯 하셨으니 두루 다니시며 착한 일을 행하시고 마귀에게 눌린 자를 고치셨으니 하나님이 함께 하심이라

♥ 자기성찰&메모

3. 나는 성령을 따라 살고 싶사오니 성령의 기름을 부으시고 성령 충만이 지속되게 하옵소서.

- 갈 5:16 너희는 성령을 따라 행하라 그리하면 육체의 욕심을 이루지 아니하리라
- 롬 8:9 누구든지 그리스도의 영이 없으면 그리스도의 사람이 아니라
- 롬 8:14 무릇 하나님의 영으로 인도함 받는 사람은 곧 하나님의 아들이라
- 롬 14:17 하나님의 나라는 먹은 것과 마시는 것이 아니요 오직 성령 안에 있는 의와 평강과 희락이라
- 고전 2:4~5 내 말과 내 전도함이 설득력 있는 지혜의 말로 하지 아니하고 다만 성령의 나타나심과 능력으로 하여 너희 믿음이 사람의 지혜에 있지 아니하고 다만 하나님의 능력에 있게 하려 하였노라
- 고전 2:10 성령은 모든 것 곧 하나님의 깊은 곳까지도 통달 하시느니라

♥ 자기성찰&메모

- 고전 2:11 사람의 일을 사람의 속에 있는 영외에 누가 알리요 이와 같이 하나님의 일도 하나님의 영외에는 아무도 알지 못하느니라

4. 나는 성령의 열매 곧 사랑, 희락, 화평, 인내, 자비, 양선, 온유, 충성, 절제하면서 살 수 있도록 날마다 순간마다 지속적으로 성령 충만케 하옵소서.
- 갈 5:22~23 오직 성령의 열매는 사랑과 희락과 화평과 오래 참음과 자비와 양선과 충성과 온유와 절제니 이 같은 것을 금지할 법이 없느니라

5. 나는 성령 안에서 옥토신자가 될 수 있도록 늘 성령충만케 하옵소서.
- 갈 6:8 성령을 위하여 심는 자는 성령으로부터 영생을 거두리라

♥ 자기성찰&메모

- 엡 3:16 그의 영광의 풍성함을 따라 그의 성령으로 말미암아 너희 속사람을 능력으로 강건하게 하시오며
- 엡 6:17 구원의 투구와 성령 검 곧 하나님의 말씀을 가지라
- 엡 5:18 오직 성령으로 충만함을 받으라
- 살전 5:19~20 성령을 소멸치 말며 예언을 멸시하지 말고
- 유 1:19 이 사람들은 분열을 일으키는 자며 육에 속한 자며 성령이 없는자니라

6. 성령을 구하고 찾고 두드리고 기도할 때, 찬송할 때, 말씀 들을 때, 안수 받을 때 성령세례와 성령충만을 주시오니 감사합니다.
- 눅 11:13 너희 하늘 아버지께서 구하는 자에게 성령을 주시지 않겠느냐 하시니라
- 행 8:15,17 그들을 위하여 성령받기를 기도하니 이에 두 사도가 그들에게 안수하매 성령을 받는지라
- 행 9:17 아나니아가 떠나 그 집에 들어가서 그에게 안수하여 이르되 형제 사울아 주 곧 네가 오는 길에서 나타나셨던 예수께서 나를 보내어 너로 다시 보게 하시고 성령으로 충만하게 하신다 하니
- 행 19:6 바울이 그들에게 안수하매 성령이 그들에게 임하시므로 방언도 하고 예언도 하니 모두 열두 사람쯤 되니라

제8단계 성령세례와 성령충만에 대한 감사 기도

† 예수님을 맘속에 영접하고 믿고 회개함으로 성령으로 거듭나게 하셨고 또 성령 세례를 주시니 감사와 찬송을 드립니다.

† 성령 세례를 주시면서 권능도 주시고 성령의 은사도 주시고 복음의 증인이 되게 하시오니 감사와 찬송을 드립니다.

† 성령 받기를 사모하며 구하고 찾고 문을 두드릴 때 성령의 기름 부으심과 성령 충만을 허락해주시니 감사와 찬송을 드립니다.

† 내가 육체의 소욕을 따르지 아니하고 성령을 따라 살고 성령의 열매를 맺도록 성령충만하게 하시니 감사와 찬송을 드립니다.

† 포도나무 가지가 포도나무에 늘 붙어있어야 열매를 맺는 것처럼 내가 예수님께 늘 붙어 있도록 성령충만하게 하시니 감사와 찬송을 드립니다.

† 나를 성령충만하게 하셔서 예수님의 마음과 성품을 늘 가지고 살도록 인도하여 주시니 감사와 찬송을 드립니다.

† 나를 항상 성령충만하게 하셔서 100배, 60배, 30배 열매를 맺도록 옥토신자가 되게 하시니 감사와 찬송을 드립니다.

† 나를 성령충만하게 하셔서 죄와 마귀의 세력들을 이기게 하시니 감사와 찬송을 드립니다.

† 나를 성령충만하게 하셔서 의의 열매, 빛의 열매를 맺게 하시니 감사와 찬송을 드립니다.

† 나를 성령충만하게 하셔서 내가 성령 안에서 성령의 능력으로 살아가게 하시니 감사와 찬송을 드립니다.

† 나를 성령충만하게 하셔서 무시로 쉬지 않고 성령으로 기도하게 하시니 감사와 찬송을 드립니다.
† 성령 충만함과 말씀 충만함과 믿음 충만함으로 하나님의 전신 갑주를 입고 살게 하시니 감사와 찬송을 드립니다.

> "성령의 임재가 없다면 거기엔 죄책감도 없고
> 거듭남이나 성화나 깨끗하게 됨이나 공의가 없다
> 성령 없이 우리가 의무를 이행하는지 모르지만
> 이는 둔하고 기계적인 것입니다 생명은 살아있는 영속에 있다"
> - 크리스 웰

영국이 낳은 청교도 신앙가 존 번연 목사님이
국왕의 명을 어긴 죄로 감옥에 갇혔던 일이 있었습니다.
어느 날 옥사장이 번연 목사님께 윗사람 모르게 옥문을 열어 주면서
집에 가셔서 사모님과 식구들을 잠깐 뵙고 오시라고 하였습니다.
얼마쯤 가다가 목사님이 되돌아오기에
왜 오셨냐고 묻는 옥사장에게 목사님은 이렇게 말했습니다.
"당신의 호의는 고마우나
성령이 인도하시는 길이 아니라서 돌아왔습니다"
그로부터 한 시간 후에 이 나라 국왕이 직접 감옥을 시찰하면서
존 번연 목사님을 확인하고 돌아갔습니다.
이때 옥사장은 다음과 같이 말했습니다.
"목사님께서 성령의 인도하심을 따라 행동하셨기에
목사님도 살고 나도 살았습니다.
이제 제가 언제 목사님께 가시라 오시라 하지 않을테니까
목사님의 마음에 비쳐오는 성령의 인도하심을 따라
가시고 싶을 때 가셨다가 오시고 싶을 때 오시기 바랍니다"

제9단계 ✝ 예수성품훈련 방법

찬송448~469장

먼저 2단계 임재확신과 3단계 자기죽음과 4단계 회개와 8단계 성령충만에 대한 요약 되새김 훈련을 한 후에 9단계 훈련을 시작합니다.

예수성품 훈련은 관련된 성구와 훈련 항목을 5번 이상 되새김하면서 마음과 생각 속에 저장을 해놓고 무시로 적용해야 합니다.

예수님의 성품은 먼저 내 마음속에 예수님을 모시고 있다는 임재확신이 있어야 합니다.
예수님이 내 안에 계시지 않은 곳에서 예수님의 마음이나 성품이 나타날 수 없기 때문입니다.

주님의 임재 확신이 없으면 믿음의 진보와 성장이 될 수 없고 영생과 구원도 있을 수 없는 것입니다.

그리스도를 본받는 삶이란 예수님의 성품을 닮아서 예수님처럼 언행심사를 나타내며 사는 것입니다.

성령은 예수님의 성품을 예수님의 마음, 빛의 열매, 의의열매, 선한열매, 성령의 열매로 표현했습니다.
죄인들이 예수님을 마음에 영접해서 믿음을 갖게 되면 먼저 회개하고 죄 사함을 받게 되고 하나님의 자녀가 되는 권세를 받습니다. 이 자녀는 아버지의 언행심사의 모습을 보면서 닮아가고 성장합니다.

눈에 보이지 않는 예수님의 모습은 성경 말씀 속에 들어있으므로, 그분의 모습을 닮으려면 말씀을 듣고 읽고 묵상하고 깨닫고 믿고 순종하는 과정 속에서 이루어집니다.

예수님의 성품은 성령충만이 지속될 때 나타나는 성령의 열매입니다.

성령충만의 계속적인 유지를 위하여 날마다 말씀을 되새김하면서 죄성이 날마다 죽었다라고 선포하면 예수님의 성품을 갖게 됩니다.

예수님의 성품을 갖고 있을 때 생활 속에서 30배 60배 100배의 열매를 풍성하게 맺는 옥토신자가 되는 것입니다.

♥ 자기성찰&메모

제9단계 예수성품에 대한 요약 되새김 훈련

※ 먼저 제 2단계 주님 임재 확신 요약 훈련과 제 3단계 자기죽음 확신 요약 훈련과 제 4단계 회개 요약 훈련과 제8단계 성령충만 요약 되새김 훈련을 한 후에 9단계 훈련을 시작합니다.

1. 나는 주님 안에 거하고 주님은 내 중심에 들어와 계셔서 온전하시고 거룩하시고 화평하신 예수님의 성품을 닮아가게 하심을 감사합니다.(요14:20, 15:4~6, 17:21, 고전3:16, 고후13:5, 엡3:17~19, 히12:14, 마5:48, 딤전4:5, 벧전1:6, 엡5:30, 갈2:20, 요일2:6)
2. 나는 성령 안에서 온유와 겸손, 믿음과 덕, 지식과 절제, 인내와 경건, 형제우애와 사랑으로 예수님의 성품을 닮아가게 하심을 감사합니다.(마11:29, 벧후1:4~7)
3. 나는 성령 안에서 가난한 마음, 애통하는 마음, 의를 사모하는 마음, 긍휼을 베푸는 마음, 청결한 마음, 화평한 마음, 핍박 중에도 기뻐하는 성품을 닮아가게 하셔서 감사합니다.(마5:3~12)

♥ 자기성찰 & 메모

4. 나는 성령 안에서 빛의 열매인 착한 마음, 진실한 마음, 의로운 마음과 의의열매인 성결, 화평, 관용, 양순, 긍휼, 선한성품을 닮게 해주셔서 감사합니다.(엡5:9, 약3:17-18)

5. 나는 성령 안에서 성령의 9가지 열매〈사랑, 희락, 화평, 인내, 자비, 양선, 온유, 충성, 절제〉를 좋아하고 사모하며 주님의 성품을 닮아가게 하심을 감사합니다.(요일4:8, 갈5:22~23, 고전13:1~7)

6. 나는 성령 안에서 말씀을 깨닫고 용서하고 원수를 축복하며 선으로 악을 이기는 옥토가 되어 주님의 성품으로 30배 60배 100배 열매 맺게 해주셔서 감사합니다.(마13:23, 잠8:19, 11:30, 18:20~21, 렘17:7~8, 32:19, 마7:16~17, 21:43, 요15:2,8, 롬6:22, 빌1:11, 고후9:10, 히12:11, 마5:44, 롬12:14,17,21)

♥ 자기성찰& 메모

제9단계 예수성품에 대한 되새김 성경구절

☆중요한 구절은 암송합니다.

☆말씀에 대한 믿음과 순종이 부족했던 부분을 회개하면서 묵상합니다.

1. 나는 주님 안에 거하고 주님은 내 중심에 들어와 계셔서 온전하시고 거룩하시고 화평하신 예수님의 성품을 닮아가게 하심을 감사합니다.
   - 요 14:20 그 날에는 내가 아버지 안에 너희가 내 안에 내가 너희 안에 있는 것을 알리라
   - 요 15:4 내 안에 거하라 나도 너희 안에 거하리라
   - 요 15:5 나는 포도나무요 너희는 가지니 저가 내 안에 내가 저 안에 있으면 이 사람은 과실을 많이 맺나니
   - 요 15:6 사람이 내 안에 거하지 아니하면 가지처럼 밖에 버리워 말라지나니 사람들이 이것을 모아다가 불에 던져 사르느니라

♥ 자기성찰&메모

- 요 17:21 아버지께서 내 안에, 내가 아버지 안에 있는 것 같이 저희도 다 하나가 되어 우리 안에 있게 하사 세상으로 아버지께서 나를 보내신 것을 믿게 하옵소서
- 고전 3:16 너희가 하나님의 성전인 것과 하나님의 성령이 너희 안에 거하시는 것을 알지 못 하느뇨
- 고후 13:5 너희가 믿음이 있는가 너희 자신을 시험하고 너희 자신을 확증하라 예수 그리스도께서 너희 안에 계신 줄을 너희가 스스로 알지 못하느냐 그렇지 않으면 너희가 버리운자니라
- 엡 3:17~19 믿음으로 말미암아 그리스도께서 너희 마음에 계시게 하옵시고 너희가 사랑 가운데서 뿌리가 박히고 터가 굳어져서 능히 모든 성도와 함께 지식에 넘치는 그리스도의 사랑을 알고 그 너비와 길이와 높이와 깊이가 어떠함을 깨달아 하나님의 모든 충만하신 것으로 너희에게 충만하게 하시기를 구하노라
- 히 12:14 모든 사람과 더불어 화평함과 거룩함을 따르라 이것이 없이는 아무도 주를 보지 못하리라

♥ 자기성찰&메모

- 마 5:48 하늘에 계신 너희 하버지의 온전하심과 같이 너희도 온전하라
- 딤전 4:5 하나님의 말씀과 기도로 거룩하여짐이라
- 벧전 1:6 내가 거룩하니 너희도 거룩할지어다
- 갈 2:20 내가 그리스도와 함께 십자가에 못박혔나니 그런즉 이제는 내가 사는 것이 아니요 오직 내 안에 그리스도께서 사는 것이라 이제 내가 하나님의 아들을 믿는 믿음 안에서 사는 것이라
- 엡 5:30 우리는 그 몸의 지체임이니라
- 요일 2:6 저 안에 거한다 하는 자는 그의 행하시는 대로 자기도 행할찌니라

2. 나는 성령 안에서 온유와 겸손, 믿음과 덕, 지식과 절제, 인내와 경건, 형제우애와 사랑으로 예수님의 성품을 닮아가게 하심을 감사합니다.
- 마 11:29 나는 마음이 온유하고 겸손하니 나의 멍에를 메고 내게 배우라

♥ 자기성찰&메모

- 벧후 1:4~7 신성한 성품에 참여하는 자가 되게 하려 하셨느니라 그러므로 너희가 더욱 힘써 너희 믿음에 덕을, 덕에 지식을, 지식에 절제를, 절제에 인내를, 인내에 경건을, 경건에 형제우애를, 형제우애에 사랑을 더하라

3. 나는 성령 안에서 가난한 마음, 애통하는 마음, 의를 사모하는 마음, 긍휼을 베푸는 마음, 청결한 마음, 화평한 마음, 핍박 중에도 기뻐하는 성품을 닮아가게 하셔서 감사합니다.
- 마 5:3~12 심령이 가난한 자는 복이 있나니 천국이 그들의 것임이요, 애통하는 자는 복이 있나니 그들이 위로를 받을 것임이요, 온유한 자는 복이 있나니 그들이 땅을 기업으로 받을 것임이요, 의에 주리고 목마른 자는 복이 있나니 그들이 배부를 것임이요, 긍휼히 여기는 자는 복이 있나니 그들이 긍휼히 여김을 받을 것임이요, 마음이 청결한 자는 복이 있나니 그들이 하나님을 볼 것임이요, 화평하게 하는 자는 복이 있나니 그들이 하나님의 아들이라 일컬음을 받을 것임이요, 의를 위하여

♥ 자기성찰 & 메모

박해를 받은 자는 복이 있나니 천국이 그들의 것임이라. 나로 말미암아 너희를 욕하고 박해하고 거짓으로 너희를 거슬러 모든 악한 말을 할 때에는 너희에게 복이 있나니 기뻐하고 즐거워하라 하늘에서 너희의 상이 큼이라 너희 전에 있던 선지자들도 이같이 박해하였느니라

4. 나는 성령 안에서 빛의 열매인 착한 마음, 진실한 마음, 의로운 마음과 의의열매인 성결, 화평, 관용, 양순, 긍휼, 선한성품을 닮게 해주셔서 감사합니다.
- 엡 5:9 빛의 열매는 모든 착함과 의로움과 진실함에 있느니라
- 약 3:17, 18 오직 위로부터 난 지혜는 첫째 성결하고 다음에 화평하고 관용하고 양순하며 긍휼과 선한 열매가 가득하고 편견과 거짓이 없나니 화평하게 하는 자들은 화평으로 심어 의의 열매를 거두느니라

♥ 자기성찰&메모

5. 나는 성령 안에서 성령의 9가지 열매〈사랑, 희락, 화평, 인내, 자비, 양선, 온유, 충성, 절제〉를 좋아하고 사모하며 주님의 성품을 닮아가게 하심을 감사합니다.

- 요일 4:8 사랑하지 아니하는 자는 하나님을 알지 못하나니 이는 하나님은 사랑이심이라
- 갈 5:22~23 오직 성령의 열매는 사랑과 희락과 화평과 오래 참음과 자비와 양선과 충성과 온유와 절제니 이같은 것을 금지할 법이 없느니라
- 고전 13:1~7 내가 사람의 방언과 천사의 말을 할지라도 사랑이 없으면 소리 나는 구리와 울리는 꽹과리가 되고 내가 예언하는 능력이 있어 모든 비밀과 모든 지식을 알고 또 산을 옮길 만한 모든 믿음이 있을지라도 사랑이 없으면 내가 아무 것도 아니요 내가 내게 있는 모든 것으로 구제하고 또 내 몸을 불사르게 내어줄지라도 사랑이 없으면 내게 아무 유익이 없느니라 사랑은 오래 참고 사랑은 온유하며 시기하지 아니하며 사랑은 자랑하지 아니하며 교만하지 아니하며 무례히 행하지 아니하

♥ 자기성찰 & 메모

며 자기의 유익을 구하지 아니하며 성내지 아니하며 악한 것을 생각하지 아니하며 불의를 기뻐하지 아니하며 진리와 함께 기뻐하고 모든 것을 참으며 모든 것을 믿으며 모든 것을 바라며 모든 것을 견디느니라

6. 나는 성령 안에서 말씀을 깨닫고 용서하고 원수를 축복하며 선으로 악을 이기는 옥토가 되어 주님의 성품으로 30배 60배 100배 열매 맺게 해주셔서 감사합니다.
- 마 13:23(막 4:20, 눅 8:8,15) 좋은 땅에 뿌려졌다는 것은 말씀을 듣고 깨닫는 자니 결실하여 어떤 것은 백배, 어떤 것은 육십 배, 어떤 것은 삼십 배가 되느니라 하시더라
- 잠 8:19 내 열매는 금이나 정금보다 나으며 내 소득은 순은보다 나으니라
- 잠 11:30 의인의 열매는 생명나무라 지혜로운 자는 사람을 얻느니라

♥ 자기성찰&메모

- 잠 18:20, 21 사람의 입에서 나오는 열매로 말미암아 배부르게 되나니 곧 그의 입술에서 나는 것으로 말미암아 만족하게 되느니라 죽고 사는 것이 혀의 힘에 달렸나니 혀를 쓰기 좋아하는 자는 혀의 열매를 먹으리라
- 렘 17:7, 8 무릇 여호와를 의지하며 여호와를 의뢰하는 그 사람은 복을 받을 것이라 그는 ~ 결실이 그치지 아니함 같으리라
- 렘 32:19 주는 책략에 크시며 하시는 일에 능하시며 인류의 모든 길을 주목하시며 그의 길과 그의 행위의 열매대로 보응하시나이다
- 마 7:16, 17 그들의 열매로 그들을 알지니 가시나무에서 포도를 또는 엉겅퀴에서 무화과를 따겠느냐 좋은 나무마다 아름다운 열매를 맺고 못된 나무가 나쁜 열매를 맺나니
- 마 21:43 그러므로 내가 너희에게 이르노니 하나님의 나라를 너희는 빼앗기고 그 나라의 열매 맺는 백성이 받으리라
- 요 15:2 무릇 내게 붙어있어 열매를 맺지 아니하는 가지는 아버지께서 그것을 제거해버리시고 무릇 열매를 맺는 가지는 더 열매를 맺게 하려하여 그것을 깨끗하게 하시느니라

♥ 자기성찰&메모

- 요 15:8 너희가 열매를 많이 맺으면 내 아버지께서 영광을 받으실 것이요 너희는 내 제자가 되리라
- 롬 6:22 이제는 너희가 죄로부터 해방되고 하나님께 종이 되어 거룩함에 이르는 열매를 맺었으니 그 마지막은 영생이니라
- 빌 1:11 예수그리스도로 말미암아 의의 열매가 가득하여 하나님의 영광과 찬송이 되기를 원하노라
- 고후 9:10 너의 의의 열매를 더하게 하시리니
- 히 12:11 무릇 징계가 당시는 즐거워 보이지 않고 슬퍼 보이나 후에 그로 말미암아 연단 받은 자들은 의와 평강의 열매를 맺느니라
- 마 5:44 너희 원수를 사랑하며 너희를 박해하는 자를 위하여 기도하라
- 롬 12:14 너희를 박해하는 자를 축복하라 축복하고 저주하지 말라
- 롬 12:17 아무에게도 악을 악으로 갚지 말고 모든 사람 앞에서 선한 일을 도모하라
- 롬 12:21 악에게 지지말고 선으로 악을 이기라

제9단계 예수성품에 대한 감사 기도

† 예수님을 맘속에 영접하고 믿었을 때 내 맘속에 들어와 계셔서 내 믿음이 자라나고 예수님을 닮아가게 하시니 감사와 찬송을 드립니다.
† 예수님께서 나의 죄와 옛사람을 십자가에서 못박아 죽게 하셨고 내 안에 주님이 살아계셔서 주님의 성품으로 새사람으로 변화되게 하시니 감사와 찬송을 드립니다.
† 예수님 내 안에 계셔서 주님의 온유와 겸손하신 성품을 가르쳐 주시고 예수님을 닮아가게 하시니 감사와 찬송을 드립니다.
† 예수님을 영접하고 믿음으로 하나님의 자녀가 되게 하셔서 아버지 하나님을 ㅂㅗㄷ 받고 닮아가게 하시니 감사와 찬송을 드립니다.
† 예수님을 믿는 하나님의 자녀들에게 성령을 주셨고 천국의 거룩한 백성으로 살아가도록 예수님의 성품으로 변화되게 하시니 감사와 찬송을 드립니다.
† 예수님을 내 맘속에 나의 주인으로 모시고 주인의 종으로서 섬기는 성품이 되게 하시니 감사와 찬송을 드립니다.
† 예수님을 내 맘속에 나의 왕으로 모시고 왕에게 순종하는 성품이 되게 하시니 감사와 찬송을 드립니다.
† 예수님을 내 맘속에 모심으로 주님의 성품인 사랑, 희락, 화평, 인내, 자비, 양선, 온유, 충성, 절제의 열매를 맺게 하시니 감사와 찬송을 드립니다.
† 예수님을 내맘 중심에 모심으로 의의 열매를 맺게 하시니 감사

와 찬송을 드립니다.

† 예수님을 내 중심에 모심으로 빛의 열매를 맺게 하시니 감사와 찬송을 드립니다.

† 예수님을 내 중심에 모심으로 아버지 하나님의 뜻대로 행하게 하시니 감사와 찬송을 드립니다.

예수성품	죄의 성질
예배, 기도, 믿음, 소망	불신앙, 세상 사랑, 우상 숭배, 운명론
사랑, 희생	미움, 자기사랑, 돈 사랑, 살인
희락, 기쁨	분노, 긴장, 슬픔, 우울, 짜증
화평, 평화	다툼, 전쟁, 불평, 노여움
인내, 견딤	조급
자비, 친절	무자비, 사나움, 무정, 불친절
양선, 선의	더러운 말(욕설), 비방, 수군수군, 유혹, 미혹, 악의
온유, 겸손	교만, 자만, 정죄, 무례
충성, 섬김, 성실, 근면	배신, 이단, 당파, 게으름, 탐심
절제	방탕, 탐욕, 자기자랑, 술취함, 사욕
감사, 자족	원망, 불만, 시기, 투기
용서, 관용	복수, 원통함, 원수 맺음
거룩, 청결, 성결, 경건	음행, 더러움, 호색, 간음, 주술, 쾌락사랑, 정욕
순종	불순종, 부모거역
착함, 양순	악행, 능욕, 강도질, 도둑질, 성폭행
진실	거짓, 모함, 사기
의로움	불법, 불의, 추악, 악독

"그리스도를 닮는 것이 그리스도인이 되는 길이다"
- 윌리엄 펜

어떤 한 인부가 있었습니다. 이 사람은 아주 신실한 크리스천 이었습니다. 그런데 함께 일하는 동료들은 모두 다 하나님을 믿지 않은 불신자들 이었습니다. 그날도 마찬가지로 열심히 땀을 흘리면서 담을 쌓다가 점심시간이 되어서 도시락을 먹게 되었습니다. 다른 동료들은 기도도 하지 않고 허겁지겁 도시락을 펼치고 밥을 먹었지만 이 사람은 하나님께 간절한 마음으로 기도를 드렸습니다.

그런데 기도하는 이 사람의 모습을 보고서 다른 사람들이 놀리기 시작합니다. 심지어 공사장을 지나가던 개가 몰래 와서 기도하던 틈을 타서 그만 도시락을 훔쳐 달아나 버렸습니다. 사람들이 배를 잡고 웃기 시작합니다. 도시락을 잃어버린 사람을 향하여 손가락질 하면서 놀려대기 시작합니다.

그러나 이때에 기도를 마친 이 신실한 크리스천은 조용히 일어나서 자신의 도시락을 찾기 위해서 개에게 다가갔습니다. 이 모습을 보고서 앉아 있던 모든 사람들이 더 크게 웃기를 시작합니다.

그런데 놀랍게도 사람들의 웃음소리에 그만 담장이 무너져 비웃던 모든 사람들이 자신들이 쌓던 담장 밑에 깔려버리는 사고가 발생하고 말았습니다.

제10단계 † 말씀순종훈련 방법

찬송 200,202,204,290,345,448,449,455,457,459,461

먼저 요약 되새김 훈련과 관련성구를 5번 이상 되새김하면서 말씀에 대한 확신을 가져야 합니다.

말씀순종 훈련은 순종이 얼마나 중요한 하나님의 명령인지 깨닫고 명심해서 실천해야 하는 마지막 과정입니다. 말씀을 듣고, 읽고, 깨닫고, 암송하고 되새김하는 일은 말씀을 마음으로 믿고 몸으로 순종하는데 목적이 있는 것입니다. 믿음과 순종은 분리할 수 없는 한 몸통입니다. 말씀 순종은 성령충만이 지속되고 예수성품을 계속 가지고 있으면 자연스럽게 이루어집니다. 순종은 믿음과 사랑에 대한 신앙의 척도입니다. 순종은 하나님의 복을 받게 되는 조건이며 하나님을 기쁘시게 하는 최상의 열매입니다. 말씀을 순종하는 사람은 반석위에 집을 짓는 자입니다.

믿음은 시작과 끝이고 순종과 행함은 믿음의 결실입니다. 믿음은 씨앗이고 순종은 열매입니다. 약2:17에서 행함이 없는 믿음은 영혼이 죽은 것이라고 말씀하셨습니다.

성경은 창세기 에덴동산에서부터 계시록까지 말씀을 믿고 지켜 행하라는 메시지로 일관되어 있습니다. 말씀을 순종하기 위해서는 매일 말씀을 마음의 창고에 가득 채워두고 매일 그 말씀을 꺼내서 되새김하면 말씀순종이 생활화되어집니다.

모든 단계를 마치면 순종의 열매가 자연스럽게 풍성히 맺게 되는 것입니다. 신앙생활에서의 결론은 순종으로 하나님의 뜻을 행하며 하나님께 영광을 돌리는 데 있습니다.

순종의 열매는 즉시 씨앗이 되어 심어지고 싹이 나고 또 다른 열매를 맺게 되어 있는 것이 하나님의 섭리입니다.

순종하라는 주님의 명령은 믿고, 사랑하라는 이 말씀 속에 모두 포함되어 있습니다. 하나님과 이웃을 사랑하는 일이 최고의 율법이요, 명령이요, 강령임을 명심해야 합니다.

순종이 결코 쉬운 일은 아닙니다 좁은 길이요 생명길이기 때문입니다. 그러나 믿음과 말씀과 성령이 충만할 때에는 이 순종하는 길이 즐겁고 쉽고 복된 길이 될것입니다.

자기 믿음의 척도를 측량하고 싶으면 먼저 중심에 주님을 모시고 있는지, 성령충만한지, 주님의 여러 가지 성품을 얼마나 나타내고 있는지, 계명들을 얼마나 지키며 순종하는지를 헤아려보면 쉽게 확인할 수 있습니다. 자신이 언행심사를 통해서 죄악을 얼마나 멀리하고 있는지는 쉽게 살펴볼 수 가 있습니다.

불순종하게 되는 원인은 내 몸 안에 있는 죄성이기 때문에 날마다 또는 수시로 나의 OO죄성은 십자가에서 예수님과 함께 죽었다라고 선포해야 합니다.

♥ 자기성찰&메모

제10단계 말씀순종에 대한 요약 되새김훈련

※ 먼저 제2단계 임재 확신 요약 훈련과, 제3단계 자기 죽음 요약 훈련과 제4단계 회개 요약 훈련과 제 8단계 성령충만 요약 훈련과 제9단계 예수성품 요약 되새김 훈련을 한 후에 10단계 훈련을 시작합니다.

1. 하나님을 사랑하고 계명을 지키는 자에게는 천대까지 은혜를 베푼다고 하신 말씀을 믿고 내가 지키겠습니다.(출 20:6) 날마다 성령충만케 하옵소서.
2. 이 율법 책을 네 입에서 떠나지 말게 하며 주야로 행하라 그리하면 네 길이 평탄하게 될 것이며 네가 형통하리라는 말씀을 믿고 내가 행하겠습니다.(신28:1~15) 성령님께서 인도하여 주옵소서.
3. 그들의 열매로 그들을 알리라 나더러 주여 주여 하는 자마다 다 천국에 들어갈 것이 아니요, 다만 하늘에 계신 내 아버지의 뜻

♥ 자기성찰&메모

대로 행하는 자라야 들어가리라는 말씀을 믿고 내가 행하겠습니다.(마7:20~21) 성령님께서 인도하여 주옵소서.

4. 너희가 나를 사랑하면 내 계명을 지키리라. 너희 모든 일을 사랑으로 행하라는 말씀을 믿고 내가 지키겠습니다.(요14:15) 성령님께서 인도하여 주옵소서.

5. 행함이 없는 믿음은 그 자체가 죽은 것이라. 믿음이 행함과 함께 일하고 행함으로 믿음이 온전하게 되었느니 라는 말씀을 믿고 내가 행하겠습니다.(야2:17,22) 성령님께서 인도하여 주옵소서.

6. 이 예언의 말씀을 읽는 자와 듣는 자와 그 가운데 기록한 것을 지키는 자는 복이 있나니 때가 가까움이라는 말씀을 믿고 내가 행하겠습니다.(계1:3) 성령님께서 인도하여 주옵소서.

7. 그러므로 누구든지 나의 이 말을 듣고 행하는 자는 그 집을 반석위에 지은 지혜로운 사람 같으리니 라는 말씀을 믿고 내가 행하겠습니다.(마7:24) 성령님께서 인도하여 주옵소서.

♥ 자기성찰&메모

8. 주님의 제자가 되도록 인도하시고 가르쳐주시니 감사합니다.(눅14:26,27,33, 요 8:31, 13:35, 15:8)
9. 십계명, 신28:1~68, 마5~7장, 마23~25장, 롬 12장, 고전 13:1~13, 살전 5:12~22, 약2~3장, 요일2~4장을 되새김합니다.

♥ 자기성찰&메모

제10단계 순종에 대한 되새김 성경구절

☆중요한 구절은 암송합니다.

☆말씀에 대한 믿음과 순종이 부족했던 부분을 회개하면서 묵상합니다.

1. 하나님을 사랑하고 계명을 지키는 자에게는 천대까지 은혜를 베푼다고 하신 말씀을 믿고 내가 지키겠습니다.(출 20:6) 날마다 성령충만케 하옵소서.
   - 창 6:8, 9 노아는 여호와께 은혜를 입었더라 ~ 그는 하나님과 동행하였으며 노아는 의인이요 당대에 완전한자라
   - 창 6:24 에녹이 하나님과 동행하더니 하나님이 그를 데려가심으로 세상에 있지 아니 하였더라
   - 창 26:5 이는 아브라함이 내 말을 순종하고 내 명령과 내 계명과 내 율례와 법도를 다 지켰음이니라
   - 출 20:6 나를 사랑하고 내 계명을 지키는 자에게는 천대까지 은혜를 베푸느니라(신 5:10)

♥ 자기성찰&메모

2. 이 율법 책을 네 입에서 떠나지 말게 하며 주야로 행하라 그리하면 네 길이 평탄하게 될 것이며 네가 형통하리라는 말씀을 믿고 내가 행하겠습니다.(신28:1~15) 성령님께서 인도하여 주옵소서.
- 신 28:1~6 네가 네 하나님 여호와의 말씀을 삼가 듣고 내가 오늘 네게 명령하는 그의 모든 명령을 지켜 행하면 네 하나님 여호와께서 너를 세계 모든 민족위에 뛰어나게 하실 것이라 네가 네 하나님 여호와의 말씀을 청종하면 이 모든 복이 네게 임하며 네게 이르리니 성읍에서도 복을 받고 들에서도 복을 받을 것이며 네 몸의 자녀와 네 토지의 소산과 네 짐승의 새끼와 소와 양의 새끼가 복을 받을 것이며 네 광주리와 떡 반죽 그릇이 복을 받을 것이며 네가 들어와도 복을 받고 나가도 복을 받을 것이니라
- 시 1:1~3 복 있는 사람은 악인의 꾀를 따르지 아니하며 죄인들의 길에 서지 아니하며 오만한자들의 자리에 앉지 아니하고 오직 여호와의 율법을 즐거워하며 그의 율법을 주야로 묵상하는도다 그는 시냇가에 심은 나무가 철을 따라 열매를 맺으며 그

♥ 자기성찰&메모

잎사귀가 마르지 아니함 같으니 그가 하는 모든 일이 다 형통하리로다
- 잠 3:1, 2 내 아들아 나의 법을 잊어버리지 말고 네 마음으로 나의 명령을 지키라 그리하면 그것이 네가 장수하여 많은 해를 누리게 하며 평강을 더하게 하리라
- 잠 7:1, 2 내 아들아 내 말을 지키며 내 계명을 간직하라 내 법을 네 눈동자처럼 지키라

3. 그들의 열매로 그들을 알리라 나더러 주여 주여 하는 자마다 다 천국에 들어갈 것이 아니요, 다만 하늘에 계신 내 아버지의 뜻대로 행하는 자라야 들어가리라는 말씀을 믿고 내가 행하겠습니다.(마7:20~21) 성령님께서 인도하여 주옵소서.
- 마 5:16 이같이 너희 빛이 사람 앞에 비치게 하여 그들로 너희 착한 행실을 보고 하늘에 계신 너희 아버지께 영광을 돌리게 하라

♥ 자기성찰&메모

- 마 5:20 내가 너희에게 이르노니 너희 의가 서기관과 바리새인보다 더 낫지 못하면 결코 천국에 들어가지 못하리라
- 마 7:19 아름다운 열매를 맺지 아니하는 나무마다 찍혀 불에 던져지느니라
- 마 7:20~21 이러므로 그들의 열매로 그들을 알리라 나더러 주여 주여 하는 자마다 다 천국에 들어갈 것이 아니요 다만 하늘에 계신 내 아버지의 뜻대로 행하는 자라야 들어가리라
- 마 22:37~40 예수께서 이르시되 네 마음을 다하고 목숨을 다하고 뜻을 다하여 주 너의 하나님을 사랑하라 하셨으니 이것이 크고 첫째 되는 계명이요 둘째도 그와 같으니 네 이웃을 네 몸과 같이 사랑하라 하셨으니 이 두 계명이 온 율법과 선지자의 강령이니라(막 12:30~31)(신 6:5)(레 19:18)(눅 10:27)

4. 너희가 나를 사랑하면 내 계명을 지키리라. 너희 모든 일을 사랑으로 행하라는 말씀을 믿고 내가 지키겠습니다.(요14:15) 성령님께서 인도하여 주옵소서.

♥ 자기성찰&메모

- 요 13:34, 35 새 계명을 너희에게 주노니 서로 사랑하라 내가 너희를 사랑한 것 같이(15:12) 너희도 서로 사랑하라 너희가 서로 사랑하면 이로써 모든 사람이 너희가 내 제자인줄 알리라
- 요 14:15 너희가 나를 사랑하면 나의 계명을 지키리라
- 요 14:21(15:10) 나의 계명을 가지고 지키는 자라야 나를 사랑하는 자니 나를 사랑하는 자는 내 아버지께 사랑을 받을 것이요 나도 그를 사랑하여 그에게 나를 나타내리라
- 롬 13:10 사랑은 이웃에게 악을 행치 아니하나니 그러므로 사랑은 율법의 완성이니라
- 고전 16:14 너희 모든 일을 사랑으로 행하라
- 마 5:44 너희 원수를 사랑하며 너희를 박해하는 자를 위하여 기도하라
- 롬 12:14 너희를 박해하는 자를 축복하라 축복하고 저주하지 말라
- 롬 22:21 악에게 지지 말고 선으로 악을 이기라
- 갈 5:16 너희는 성령을 따라 행하라

♥ 자기성찰&메모

5. 행함이 없는 믿음은 그 자체가 죽은 것이라. 믿음이 행함과 함께 일하고 행함으로 믿음이 온전하게 되었느니 라는 말씀을 믿고 내가 행하겠습니다.(약2:17,22) 성령님께서 인도하여 주옵소서.
- 약 1:22 너희는 말씀을 행하는 자가 되고 듣기만 하여 자신을 속이는 자가 되지말라
- 약 2:17,28 행함이 없는 믿음은 그 자체가 죽은 것이라
- 약 2:22 믿음이 그의 행함과 함께 일하고 행함으로 믿음이 온전하게 되었느니라
- 요일 2:3~4 우리가 그의 계명을 지키면 이로써 우리가 그를 아는 줄로 알 것이요 그를 아노라 하고 그의 계명을 지키지 아니하는 자는 거짓말하는 자요 진리가 그 속에 있지 아니하되
- 요일 2:6 그의 안에 산다고 하는 자는 그가 행하시는 대로 자기도 행할지니라

6. 이 예언의 말씀을 읽는 자와 듣는 자와 그 가운데 기록한 것을 지키는 자는 복이 있나니 때가 가까움이라는 말씀을 믿고 내가 행하겠습니다.(계1:3) 성령님께서 인도하여 주옵소서.

♥ 자기성찰&메모

- 계 1:3 이 예언의 말씀을 읽는 자와 듣는 자와 그 가운데 기록한 것을 지키는 자는 복이 있나니 때가 가까움이니라
- 계 22:7 보라 내가 속히 오리니 이 두루마리의 예언의 말씀을 지키는 자는 복이 있으리라 하더라
- 계 22:12 보라 내가 속히 오리니 내가 줄 상이 내게 있어 각 사람에게 그가 행한대로 갚아 주리라

7. 그러므로 누구든지 나의 이 말을 듣고 행하는 자는 그 집을 반석위에 지은 지혜로운 사람 같으리니 라는 말씀을 믿고 내가 행하겠습니다.(마7:24) 성령님께서 인도하여 주옵소서.
- 요 8:47 하나님께 속한 자는 하나님의 말씀을 듣나니 너희가 듣지 아니함은 하나님께 속하지 아니하였음이로다
- 마 7:24~27 그러므로 누구든지 나의 이말을 듣고 행하는 자는 그 집을 반석 위에 지은 지혜로운 사람 같으리니 비가 내리고 창수가 나고 바람이 불어 그 집에 부딪치되 무너지지 아니하나니 이는 주추를 반석위에 놓은 까닭이요 나의 이 말을 듣고 행

♥ 자기성찰&메모

하지 아니하는 자는 그 집을 모래위에 지은 어리석은 사람 같으리니 비가 내리고 창수가 나고 바람이 불어 그 집에 부딪치매 무너져 그 무너짐이 심하니라

8. 주님의 제자가 되도록 인도하시고 가르쳐주시니 감사합니다.
- 눅 14:26 무릇 대게 오는 자가 자기 부모와 처자와 형제와 자매와 더욱이 자기 목숨까지 미워하지 아니하면 능히 내 제자가 되지 못하고
- 눅 14:27 누구든지 자기 십자가를 지고 나를 따르지 않는 자도 능히 내 제가가 되지 못하리라
- 눅 14:33 너희 중의 누구든지 자기의 모든 소유를 버리지 아니하면 능히 내 제자가 되지 못하리라
- 요 8:31 너희가 내 말에 거하면 참으로 내 제자가 되고
- 요 13:35 너희가 서로 사랑하면 이로써 모든 사람이 너희가 내 제자인 줄 알리라
- 요 15:8 너희가 열매를 많이 맺으면 내 아버지께서 영광을 받으실 것이요 너희는 내 제자가 되리라

♥ 자기성찰&메모

9. 십계명, 신28:1~68, 마5~7장, 마23~25장, 롬 12장, 고전 13:1~13, 살전5:12~22, 약2~3장, 요일2~4장을 되새김합니다.
- 출 20:3~17(십계명)
- 신 28:1~68
- 마 5~7장(산상수훈)
- 마23, 25장
- 롬 12장
- 고전 13:1~13
- 약 2~3장,
- 요일 2~4장

제10단계 순종에 대한 감사 기도

† 성령님 내 안에 임재 충만하셔서 성령님의 뜻대로 순종하도록 인도하여 주시니 감사와 찬송을 드립니다.

† 내 안에 성부 성자 성령님이 동거 동행하심으로 말씀대로 순종하는 열매 맺게 해주시니 감사와 찬송을 드립니다.

† 내 안에 주님이 살아계셔서 노아와 아브라함처럼 순종하도록 가르쳐주시고 인도하시니 감사와 찬송을 드립니다.

† 내 안에 주님이 살아 계셔서 행함이 있는 믿음생활 되도록 인도하여 주시니 감사와 찬송을 드립니다.

† 내 안에 성령님 충만하셔서 성령의 아홉 가지 열매를 행동으로 나타내 보이도록 인도 역사 하여 주시니 감사와 찬송을 드립니다.

† 내 안에 계신 주님께서 말씀을 주야로 묵상하게 하심으로 철따라 열매 맺게 하시니 감사와 찬송을 드립니다.

† 내 안에 계신 주님께서 말씀을 깨닫게 하셔서 100배 60배 30배 열매를 맺도록 옥토되게 하시니 감사와 찬송을 드립니다.

† 내 안에 주님이 살아계셔서 주님의 계명을 지키는 자 주님을 사랑하는 자가 되도록 가르치시고 인도하여 주시니 감사와 찬송을 드립니다.

† 내 안에 주님이 살아계셔서 이웃을 내몸처럼 사랑하라고 가르치시고 인도하여 주시니 감사와 찬송을 드립니다.

† 내 안에 주님이 살아계셔서 주님의 생명을 공급받아 순종의 열매가 풍성하도록 가르치시고 인도하여 주시니 감사와 찬송을

드립니다.

† 내 안에 주님이 살아계셔서 좌로나 우로나 치우치지 않고 계명을 지켜 행하도록 가르치시고 인도하여 주시니 감사와 찬송을 드립니다.

† 내 안에 주님이 살아계셔서 주님을 사랑하고 주님의 계명을 지킴으로 천대까지 은혜를 누리게 하시니 감사와 찬송을 드립니다.

† 내 안에 주님이 살아계셔서 원수도 사랑하라고 가르치시고 인도하여 주시니 감사와 찬송을 드립니다.

† 내 안에 주님이 살아계셔서 악인의 꾀를 따르지 않고 죄인의 길에 서지 않고 오만한 자의 자리에 앉지 않도록 인도하여 주시니 감사와 찬송을 드립니다.

† 내 안에 주님이 살아계셔서 다른 사람의 잘못을 용서하라 가르치시고 인도하시니 감사와 찬송을 드립니다.

† 내 안에 주님이 살아계셔서 복음을 안 믿는 사람들에게 전도하라 가르치시고 인도하여 주시니 감사와 찬송을 드립니다.

† 내 안에 주님이 살아계셔서 각 사람에게 빛을 비추게 하시고 빛의 열매를 맺도록 인도하여 주시니 감사와 찬송을 드립니다.

† 내 안에 주님이 살아계셔서 서로 사랑하라 하시고 또 서로 사랑함으로 주님의 제자가 되게 하시오니 감사와 찬송을 드립니다.

† 내 안에 주님이 살아계셔서 주님과 동행하심으로 욥과 바울처럼 고난이 와도 인내하고 승리할 수 있도록 함께 하시니 감사와 찬송을 드립니다.

"순종의 차원이 깊어질수록
우리의 믿음도 커진다"
-존 비비어

세계적으로 유명한 '아라비아 종마'에 대해 재미있는 전설이 있다. 한 예언자가 세상에서 가장 훌륭한 종마를 찾아내기로 작정했습니다. 그래서 그는 온 세상을 두루 다니며 백 마리의 암말을 찾아냈습니다.

그는 말들을 우리에 가두어 놓고 먹을 것은 풍족히 주었지만 물은 주지 않았습니다. 마구간의 아래쪽에서는 아름다운 시내가 흐르고 물 냄새가 바람에 실려 우리에까지 올라왔습니다. 예언자는 말들이 목이 말라 미칠 지경이 되도록 우리에 가두어 놓았습니다.

그러다가 어느 날 그는 갑자기 말 우리의 문을 열었습니다. 우리를 나와 해방된 말들은 꼬리를 치켜들고 고개를 뻣뻣하게 들고 숨을 몰아 쉬며 입에는 거품을 물고 발로는 모래 먼지를 날리면서 천둥치듯 시내를 향해 내달렸습니다. 말들이 거의 시내에 다다랐을 때 예언자는 뿔피리를 입에 대고 힘차게 불었습니다. 그러자 앞을 다투어 내달리던 백 마리의 말 가운데서 네 마리가 뿔피리의 신호를 듣고 발굽을 땅에 딛고 멈추어 서서 주인의 명령을 기다렸습니다.

이때 예언자는 외쳤습니다. "바로 저 네 마리의 말을 종마로 해서 이 세계에서 제일가는 말을 길러 내겠다. 나는 저 말들을 "아라비아종마"라고 이름하겠다"

부록①

영안 열림에 대하여

고전 2:10~13 오직 하나님이 성령으로 이것을 우리에게 보이셨으니 성령은 모든 것 곧 하나님의 깊은 것 까지도 통달 하시느니라 사람의 일을 사람의 속에 있는 영외에 누가 알리요 이와 같이 하나님의 길도 하나님의 영외에는 아무도 알지 못 하느니라 우리가 세상의 영을 받지 아니하고 오직 하나님으로부터 온 영을 받았으니 이는 우리로 하여금 하나님께서 우리에게 은혜로 주신 것들을 알게 하려 하심이라 우리가 이것을 말하거니와 사람의 지혜가 가르친 말로 하지 아니하고 오직 성령께서 가르치신 것으로 하니 영적인 일은 영적인 것으로 분별 하느니라

1. 영안이란 무엇인가?

① 성경에 영안이란 단어는 기록 되어있지 않지만 영적 세계를 바라본 것을 기록한 내용들이 성경에 많이 있습니다. 영의 세계는 영으로만 볼 수 있는 것이요 육안으로는 보이지 않는 것입니다. 영을 가지고 있는 존재는 삼위일체 하나님과 천사들과 마귀들과 사람뿐입니다.

사람의 영은 영의 세계를 볼 수 있는 기능이 있습니다. 사람에게는 육안이 있듯이 마음에도 심안이 있다고 말하며 영에도 영안이 있다고 말하고 있습니다. 그러나 사람마다 영이 있다고 해서 영의 세계를 볼 수 있는 것이 아니고 영안이 열린 사람만 영의 세계를 볼 수 있는 것입니다.

② 구약 성경의 인물 중에 천사를 보고 영접한 아브라함과 롯, 천사와 씨름한 야곱, 타지 않는 가시떨기 나무의 불꽃을 바라본 모세, 이사야와 엘리야, 엘리사와 게하시, 에스겔, 다니엘 등이 있으며 신약 성경의 인물 중에 예수님과 부활하신 주님을 본 제자들, 스데반집사, 특히 베드로와 삽비라 사건, 사도바울의 삼층천 체험, 사도 요한의 계시록등이 사람의 영안으로 영의 세계를 본 기록들입니다.

이렇게 영안이 열려야만 신앙생활을 잘하는 조건은 아니며 구원의 조건도 아닙니다. 하나님의 사역가운데 필요할 때, 성령이 주시는 선물인 것입니다. 또는 게하시처럼 필요할 때 일회적으로 체험할 때도 있는 것입니다.

환상과 투시의 은사도 영안 열림의 하나입니다. 이런 은사를 주시는 목적이 다른 은사를 주시는 목적과 동일한 것입니다.

첫째는 하나님의 뜻을 행하는데 있으며 둘째는 자신과 다른 성도들을 온전하게 세우며 셋째는 봉사의 일을 하게하며 넷째는 그리스도의 몸 즉, 교회의 덕을 세우는데 있는 것입니다. 만약 이런 은사를 하나님의 목적대로 사용하지 않고 이기적인 욕심대로 사용한다면 하나님의 진노를 받으며 이를 회개치 않으면 구원을 잃을 수 있다는 것입니다.(마 7:22~23)

성령의 은사 받는 것이 신앙의 성숙도를 의미하지 않습니다. 각종의 은사는 믿음이 성숙하도록 도와주는 방편이며 도구일 뿐입니다. 신앙의 성숙도는 순종의 열매를 보아서 알 수 있는 것입니다. 그러므로 성령충만 하도록, 예수님의 인격을 닮아가도록, 옥토신자 되도록 하는 것이 하나님의 뜻임을 명심해야 합니다.

③신앙생활은 마귀의 세력과 영적 전쟁하는 것이기 때문에 영안이 열려져서 영적 세계속에 있는 적들을 보면서 싸운다면 백전백승의 비법이 될 것입니다.

2. 영안 열림의 방법

영안은 어떤 방법을 가지고 인위적으로 열리는 것이 아니고 하나님의 주권 아래에서 은사로 주시는 것입니다.

첫째는 영적세계를 알고자 하는 갈망함이 있어야 합니다. 믿음의 시작이 영적 세계를 향한 출발입니다. 성경 말씀이 영적세계에 대한 안내서이며 지침서입니다. 기록된 말씀의 내용들을 읽게 되고, 알게 되고, 믿어지며 죄와 허물을 회개하게 되고 하나님을 알게 되는 지식으로 인하여 영적 분별력이 생기게 됩니다.

둘째는 성령 세례를 받으면 성령의 인도함을 받게 됩니다. 성령께서 하나님의 뜻과 마귀의 뜻, 영적인 것과 육적인 것, 선한 것과 악한 것, 천국적인 것과 세상적인 것 등을 분별하는 은사와 능력을 주십니다. 성령 충만으로 더욱 성장하게 하시고 순종의 열매를 맺도록 인도하십니다.

셋째는 다른 영들을 보게 하고 분별케 하는 은사인 영안 열림의 은사를 주시기도 합니다. 은사는 하나님의 주권으로 필요한 성도에게 주시는 선물입니다. 마태복음 5장 8절에서 마음이 청결한 자는 하나님을 볼 것이라고 했습니다. 마음이 청결하려면 회개하고 성결해야 됩니다. 그렇다면 어떻게 마음을 청결히 해야 하는지 더 자세히 알아봅시다.

① 날마다 때마다 모든 죄와 허물을 자백하며 언행심사를 청결케 해야 됩니다.(요일 1:9, 행 3:19)
② 심령의 청결을 위해서 예수님의 보혈을 날마다 마시고 뿌리면서 죄를 대속해주신 은혜를 확신하고 감사하는 기도를 반복해서 30~60분씩 합니다.(요 6:53~58, 요일 1:7, 히 9:22)
③ 성령세례를 받고 성령의 인도를 간절히 사모합니다.
④ 성부, 성자, 성령님이 항상 내 맘속에 계심을 확신하고 지속적인 성령 충만한 삶을 간절히 사모합니다.
⑤ 아버지 하나님의 뜻대로 순종하고자 하는 갈망이 있어야 합니다.(마 5:6, 요일 3:22)
⑥ 주야로 말씀을 묵상하며 쉬지말고 기도하며 범사에 감사와 찬양을 드립니다.(시 1:2, 살전 5:17~18)
⑦ 영안 열림의 은사를 사모하되(시 42:1) 성령의 뜻대로만 사용하고자 하는 결단이 있어야 합니다.
⑧ 방언 기도를 많이 할수록 좋습니다.(고전 14:2)
⑨ 어른 세대보다 청소년 세대가 영안이 쉽게 잘 열릴 수 있습니다.
⑩ 신앙이 온전하게 성숙하지 못했어도 영안 열림의 은사를 주십니다. 은사는 신앙의 성숙도가 아닙니다.

부록②

성령의 은사에 대하여

1. 성령의 은사란?

성령세례를 받음과 동시에 성령의 역사하심으로 성령 세례를 받은 사람 누구에게나 한 가지 이상씩 각각 필요한대로 성령께서 주시는 은혜의 선물입니다. 이 은사들은 성령의 능력이며 신령한 무기로써 우리가 영적전쟁에 승리하도록 사용하게 하십니다.

2. 은사를 주시는 목적(엡 4:12, 고전 14:3~4)

① 성도를 온전하게 합니다.(열매 맺는 성도를 되게 함)
② 봉사의 일을 하게 합니다.
③ 그리스도의 몸을 세우게 합니다.
④ 믿음을 견고하게 합니다.
⑤ 개인의 덕과 교회의 덕을 세우게 합니다.
⑥ 사탄을 대적하는 능력이 됩니다.
⑦ 영혼 사랑에 우선순위를 갖게 합니다.

3. 은사의 종류

① 직임적 은사: 사도, 선지자, 목사, 교사, 전도자, 섬기는 직분
② 기능적 은사: 지혜의 말씀, 지식의 말씀, 믿음, 병고침, 능력 행함, 예언, 영분별, 방언, 통변, 돕는 일, 다스리는 일, 구제, 긍휼
③ 기타 은사: 헌금, 독신, 축귀, 입신, 투시, 선교, 대접, 궁핍,

순교, 환상, 꿈, 중보기도

4. 성령의 은사가 아닌 것들
　① 선천적인 재능(무신론자에게도 있음)
　② 성령의 열매(주님의 성품)
　③ 구원받는 믿음(하나님의 일반적 은사 ~ 롬 6:23)

5. 은사를 사용하는 좋은 길
　① 오직 하나님의 영광만을 위해 사용합니다.
　② 은사를 주신 7가지 목적대로 사용합니다.
　③ 사랑을 따라 행합니다.
　④ 온유와 겸손으로 행합니다.
　⑤ 이타적으로 행합니다.
　⑥ 은사는 신앙의 성숙도가 아닙니다.
　⑦ 은사 지상주의에 빠지지 않게 주의 합니다.
　⑧ 성령 충만으로 열매 맺어야 합니다.
　⑨ 교만과 자만의 함정을 피해야 합니다.
　⑩ 이기적 명예와 영광을 버립니다.
　⑪ 은사의 명분으로 재물을 요구하지 않습니다.
　⑫ 각 은사의 차별 의식을 갖지 않습니다.

6. 성령의 은사를 발견하려면
　① 성령세례를 받고 성령의 인도하심을 따라야합니다.
　② 성령의 은사가 무엇인지 왜 필요한지를 알아야 합니다.

③ 성령의 은사를 사모하며 기도합니다.
④ 하나님의 영광만을 위해서 하나님의 뜻대로 사용하겠다는 결단이 있어야 합니다.
⑤ 은사의 7가지 목적대로 순종하겠다는 헌신적 자세를 가져야 합니다.
⑥ 은사를 이기심으로 구하지 말고 전적으로 하나님의 주권에 맡겨야 합니다.
⑦ 은사에 대한 우월감이나 자기 명예를 완전히 버려야 합니다.
⑧ 교회에서 어떤 직분을 맡겨도 기쁨과 감사로 순종합니다.

7. 받은 은사를 증폭시키려면
① 성실하게 감사함으로 사역하면 그 능력이 증폭됩니다.
② 경험 있는 전문 사역자에게 지도를 받습니다.
③ 은사에 관한 전문 서적을 통하여 더욱 폭넓은 지식을 쌓아야 합니다.
④ 지속적으로 기도하며 겸손하게 순종합니다.

8. 성령은사에 대한 성구
고전 12:4~11 은사는 여러 가지나 성령은 같고 직분은 여러 가지나 주는 같으며 또 사역은 여러 가지나 모든 것을 모든 사람 가운데서 이루시는 하나님은 같으니 각 사람에게 성령을 나타내심은 유익하게 하려 하심이라 어떤 사람에게는 성령으로 말미암아 지혜의 말씀을 어떤 사람에게는 같은 성령을 따라 지식의 말씀을, 다른 사람에게는 같은 성령으로 믿음을, 어떤 사람에게는 한 성령으로 병 고치는 은사를, 어떤 사람에게는 능력 행함을, 어떤 사람에게는 예언함을, 어떤 사람에게는 영을 분별함을, 다른 사람에게는 각종 방언 말함을, 어떤 사람에게는 방언들 통역함을 주시나니 이 모든 일은 같은 한 성령이 행하사 그의 뜻대로 각 사람에게 나누어 주시는 것이니라

고전 12:27~31 너희는 그리스도의 몸이요 지체의 각 부분이라 하나님이 교회 중에 몇을 세우셨으니 첫째는 사도요 둘째는 선지자요 셋째는 교사요 그 다음은 병 고치는 은사와 서로 돕는 것과 다스리는 것과 각종 방언을 말하는 것이라 다 사도이겠느냐 다 선지자이겠느냐 다 교사이겠느냐 다 능력을 행하는 자이겠느냐 다 통역하는 자이겠느냐 너희는 더욱 큰 은사를 사모하라 내가 또한 가장 좋은 길을 너희에게 보이리라

롬 12:6~8 우리에게 주신 은혜대로 받은 은사가 다르니 혹 예언이면 믿음의 분수대로, 혹 섬기는 일이면 섬기는 일로 혹 가르치는 자면 가르치는 일로, 구제하는 자는 성실함으로, 다스리는 자는 부지런함으로, 긍휼을 베푸는 자는 즐거움으로 할 것이니라

엡 4:11~12 그가 어떤 사람은 사도로, 어떤 사람은 선지자로, 어떤 사람은 복음 전하는 자로, 어떤 사람은 목사와 교사로 삼으셨으니 이는 성도를 온전하게 하여 봉사의 일을 하게하며 그리스도의 몸을 세우려 하심이라

롬 1:11 내가 너희 보기를 간절히 원하는 것은 어떤 신령한 은사를 너희에게 나누어 주어 너희를 견고하게 함이니

롬 11:29 하나님의 은사와 부르심에는 후회하심이 없느니라

롬 6:23 죄의 삯은 사망이요 하나님의 은사는 예수 그리스도 안에 있는 영생이니라

벧전 4:10 각각 은사를 받은 대로 하나님의 여러 가지 은혜를 맡은 선한 청지기 같이 서로 봉사하라

말씀 되새김 훈련 30일 체크하기

제1단계 ①	1	2	3	4	5	6	7	8	9	10	11	12	13	14	15
	16	17	18	19	20	21	22	23	24	25	26	27	28	29	30	31
제1단계 ②	1	2	3	4	5	6	7	8	9	10	11	12	13	14	15
	16	17	18	19	20	21	22	23	24	25	26	27	28	29	30	31
제1단계 ③	1	2	3	4	5	6	7	8	9	10	11	12	13	14	15
	16	17	18	19	20	21	22	23	24	25	26	27	28	29	30	31
제2단계	1	2	3	4	5	6	7	8	9	10	11	12	13	14	15
	16	17	18	19	20	21	22	23	24	25	26	27	28	29	30	31
제3단계	1	2	3	4	5	6	7	8	9	10	11	12	13	14	15
	16	17	18	19	20	21	22	23	24	25	26	27	28	29	30	31
제4단계	1	2	3	4	5	6	7	8	9	10	11	12	13	14	15
	16	17	18	19	20	21	22	23	24	25	26	27	28	29	30	31

말씀 되새김 훈련 30일 체크하기

제5단계	1	2	3	4	5	6	7	8	9	10	11	12	13	14	15
	16	17	18	19	20	21	22	23	24	25	26	27	28	29	30	31
제6단계	1	2	3	4	5	6	7	8	9	10	11	12	13	14	15
	16	17	18	19	20	21	22	23	24	25	26	27	28	29	30	31
제7단계	1	2	3	4	5	6	7	8	9	10	11	12	13	14	15
	16	17	18	19	20	21	22	23	24	25	26	27	28	29	30	31
제8단계	1	2	3	4	5	6	7	8	9	10	11	12	13	14	15
	16	17	18	19	20	21	22	23	24	25	26	27	28	29	30	31
제9단계	1	2	3	4	5	6	7	8	9	10	11	12	13	14	15
	16	17	18	19	20	21	22	23	24	25	26	27	28	29	30	31
제10단계	1	2	3	4	5	6	7	8	9	10	11	12	13	14	15
	16	17	18	19	20	21	22	23	24	25	26	27	28	29	30	31

epilogue

자연인(人)이 예수를 영접하고 중생(신생)하면
점진적으로 성화되고 성숙되어야 하는 것이
정상적인 성장의 과정인데 요즈음 교회와 신자들의
성장이 침체된 영적 장애인이 되었다는
탄식소리가 높아져 있습니다.
교회에서는
성경공부와 제자훈련과 셀 교육으로 교인을 양육하고
교회를 부흥시키려고 많은 노력을 하고 있지만
열매 맺는 신자가 많지 않는 것이 사실입니다.
예수 닮은 목회자
예수의 마음을 가진 평신도
예수의 영을 가득 채운
제자를 절실히 요구되는 시대입니다.
복음의 일꾼을 세우고 옥토신자를 만들기 위해서
말씀되새김훈련 열 단계를 정리하였습니다.
신앙의 핵심이 되는 믿음과 말씀과 성령을 체질화시키고자 하는
훈련 방법입니다.
옥토신자가 많은 교회는 부흥됩니다.
기초가 탄탄하면 건축물을 높이 올릴 수 있지만
기초가 부실하면 무너지기 쉬운 것이 자명한 것입니다.
옥토신자, 100배의 열매 맺는 신자 되기를 원한다면
이 말씀 되새김 10단계가 꿀맛처럼 느껴질 것입니다.

참고도서

개역개정판 성경 - 대한성서공회

그리스도를 본받아 - 토마스 아켐퍼스/조항래 역 / 예찬사(1982)

마음에 항상 예수님이 계시게 하라 - 김규승 저 / 예찬사(2009)

예수님과 동행훈련 - 김규승 저(2009)

내 영안을 열어주시는 성령님 - 강요셉 저 / 예찬사(2007)

내적치유 직접 할 수 있습니다 - 강요셉 저 / 예찬사(2007)

대물림된 고통을 끊어야 산다 - 강요셉 저 / 예찬사(2010)

축귀 백전백승 - 강요셉 저 / 예찬사(2012)

성령세례 받는 법 - R.A 토레이 / 규장(2006)

엄마 같은 성령님 - 유순동 저 / 예찬사(2007)

말씀으로 인도하시는 성령님 - 유순동 저 / 예찬사(2003)

하늘로 인도하는 성령님 - 유순동 저 / 예찬사(2007)

전능하신 의사 예수 - 임은묵 / 예찬사(2006)

치유의 기름을 부으소서 - 임은묵 / 예찬사(2009)

상한 감정의 치유 워크북(실천편) - 데이비드 A. 씨맨즈. 베스 핀크 / 김재서 역 / 예찬사(1994)

편견을 깨뜨리는 내적치유 - William backus/ Marrie Chapian / 김연출 역/ 예찬사(1995)

부정적 감정을 깨뜨리는 내적치유 - William backus/ Marrie Chapian / 김재서 역 / 예찬사(1997)

현대 기독교 상담학 - 윌리엄 커원 저 / 정동섭 역 / 예찬사(2007)

날마다 보혈을 체험하라 - 이창규 저 / 예찬사(2013)

믿음으로 질병을 치유하라 - T.L. 오스본 / 김유태 역 / 순전한 나드(2010)

그리스도인의 전신갑주(Ⅰ~Ⅳ) - 윌리암 거어널 / 임금선 역 / 예찬사(1993)

교회 성장할 수밖에 없는 성령의 은사 27가지 - 피터 왜그너 / 예찬사

- 옥토 만드는 제자훈련 안내 -

일   시: 매주 수, 금 11:00~15:00
장   소: 옥토영성훈련원(예찬말씀교회, 예찬사)
　　　　　용산구 한강로 2가 108-1 정우빌딩 301호
연락처: TEL 798-0147　HP 010-3738-4714
cafe: Octo Bible
후원계좌: 신한은행 140-009-552443

옥토 만드는 제자훈련 10단계

펴 낸 날　1판 1쇄 2014. 6. 30

엮 은 이　이환호
펴 낸 이　이환호
펴 낸 곳　도서출판 예찬사
등　　록　1979. 1. 16 제302-2004-000056호
주　　소　서울시 용산구 한강대로 46길 6(정우빌딩 205호)
전　　화　798-0147(편집) 798-0148~9(영업)
팩시밀리　798-0145
블 로 그　blog.naver.com/yechansa
전자우편　octo0691@naver.com

I S B N　978-89-7439-412-7

* 저자와 협약하여 인지를 생략합니다.
　좋은 책은 좋은 사람을 만듭니다.
　예찬사는 기독교 출판 실천윤리강령을 준수합니다.